住房市场的财富效应研究

王 勇◎著

吉林大学出版社

·长春·

图书在版编目（CIP）数据

住房市场的财富效应研究 / 王勇著. -- 长春：吉林大学出版社，2022.10
ISBN 978-7-5768-0850-6

Ⅰ．①住… Ⅱ．①王… Ⅲ．①住宅市场—研究—中国 Ⅳ．① F299.233.5

中国版本图书馆 CIP 数据核字（2022）第 193686 号

书　　名：	住房市场的财富效应研究
	ZHUFANG SHICHANG DE CAIFU XIAOYING YANJIU
作　　者：	王　勇 著
策划编辑：	卢　婵
责任编辑：	卢　婵
责任校对：	于　莹
装帧设计：	三仓学术
出版发行：	吉林大学出版社
社　　址：	长春市人民大街 4059 号
邮政编码：	130021
发行电话：	0431-89580028/29/21
网　　址：	http://www.jlup.com.cn
电子邮箱：	jldxcbs@sina.com
印　　刷：	武汉鑫佳捷印务有限公司
开　　本：	787mm×1092mm　　1/16
印　　张：	11.25
字　　数：	160 千字
版　　次：	2022 年 10 月　第 1 版
印　　次：	2023 年 1 月　第 1 次
书　　号：	ISBN 978-7-5768-0850-6
定　　价：	66.00 元

版权所有　翻印必究

前　言

自20世纪80年代以来，我国经济保持持续快速增长状态，但经济增长主要依赖三驾马车中的出口和投资来拉动。当前出口相对疲软，投资缺乏动力，不能使经济健康平稳的发展。挖掘消费的潜在空间以达到拉动经济的作用才是长久之计，这也是为什么"十四五"规划中要强调扩大消费需求长效机制的原因。城镇家庭作为消费的主体，其消费能力的不足是造成消费需求不足的重要原因。2020年初新冠肺炎疫情暴发给我国市场和经济带来巨大冲击，产业复工和生产秩序被打乱的同时也给社会经济造成负面影响，再加上疫情防控持续进行，我国原本呈现疲态的经济运行趋势也因此而加剧，投资和出口受到一定冲击，国民消费能力和意向也不断下降。同时，中美贸易争端也提醒我们经济发展不能过度依赖出口。此时内需消费的作用逐渐凸显，作为经济增长背后的重要推手，消费对我国经济发展起着重要作用，刺激消费市场的回暖能够为经济发展提供巨大动能。2020年10月29日，《中共中央关于制定国民经济和社会发展第十四个五年规划和二〇三五年远景目标的建议》中强调了全面促进消费的重要性和增强消费对经济发展的作用。在国内经济运行趋缓、国际经济环境现状不容乐观的现实背景下，扩大内需、促进家庭消费成为我国经济发展以及经济增长模式转型的关键所在。

伴随着我国投资的高速增长，家庭消费却长期低迷，这一奇特组合被称为"煎焦了的冻鱼"。本书从多个方面研究住房市场的财富效应。本书按照文献回顾、实证分析和政策建议的研究路线，针对住房价格波动对城镇家庭消费结构的影响，住房套数对城镇家庭消费结构的影响，住房价格波动对异质性自有住房家庭消费率的影响，货币政策调控住房市场的规则选择，货币政策对住房市场财富效应的影响，金融市场化对城镇家庭住房财富效应的影响等开展了深入系统的研究，最后提出相应政策建议。

本书是笔者在博士学位论文基础上修改而成的第二部学术著作。第一部学术著作《住房价格波动对自有住房家庭消费的异质性影响研究》于2018年12月在中国财政经济出版社出版。本书得到作者主持国家社会科学基金青年项目"高质量发展视域下产业转型升级对居民消费的影响研究"（21CTJ018）、中国博士后科学基金面上资助项目"双支柱政策调控住房市场的有效性及协调配合研究"（2018M630389）、江西省社会科学"十三五"（2017年）规划项目青年博士基金项目"住房价格波动对自有住房家庭消费的异质性影响研究"（17BJ08）以及福建省社会科学规划项目青年博士论文项目"住房价格上涨对消费品价格与城镇家庭消费行为的影响研究"（FJ2015C234）的资助。

由于笔者水平有限，本书难免存在缺憾，敬请专家、学者及读者不吝指正。

王 勇

2022年7月22日

目 录

第1章 绪 论 ·· 1

1.1 住房市场的"财富效应之谜" ···················· 1

1.2 住房市场财富效应的相关研究进展 ·············· 4

1.3 住房市场财富效应的研究路径 ···················· 20

第2章 住房价格波动对城镇家庭消费结构的影响研究 ········· 28

2.1 分位数回归模型的构建 ·························· 28

2.2 城镇家庭的消费特征分析 ························ 29

2.3 住房价格波动对城镇家庭消费支出的影响研究 ···· 31

2.4 住房价格波动对城镇家庭消费结构的影响研究 ···· 32

2.5 本章小结 ·· 38

第 3 章　住房套数对城镇家庭消费结构的影响研究 …… 39

　　3.1　城镇家庭的消费特征分析 …… 39

　　3.2　基于投入产出价格模型的消费品价格计算 …… 41

　　3.3　住房套数对城镇家庭消费结构的影响 …… 45

　　3.4　住房套数对城镇家庭福利的影响 …… 49

　　3.5　本章小结 …… 50

第 4 章　住房价格波动对异质性自有住房家庭消费率的影响研究 …… 51

　　4.1　DSGE 模型 …… 52

　　4.2　参数估计 …… 62

　　4.3　反事实仿真 …… 68

　　4.4　住房价格波动的方差分解 …… 72

　　4.5　模型稳健性检验 …… 74

　　4.6　本章小结 …… 74

第 5 章　货币政策调控住房市场的规则选择研究 …… 76

　　5.1　DSGE 模型基本框架 …… 77

　　5.2　变量稳态方程组、参数估计和稳健性检验 …… 87

　　5.3　最优货币政策规则调控住房市场的有效性研究 …… 92

　　5.4　货币政策的调控力度研究 …… 94

　　5.5　本章小结 …… 98

第 6 章　货币政策对住房市场财富效应的影响研究 …… 100

6.1　双支柱政策的住房价格传导机制 …… 100
6.2　DSGE 模型基本框架 …… 102
6.3　变量稳态方程组和参数估计 …… 108
6.4　预期到的货币政策冲击对住房市场财富效应的影响 …… 112
6.5　限贷背景下预期到的货币政策冲击对住房市场财富效应的影响 …… 114
6.6　本章小结 …… 116

第 7 章　金融市场化对城镇家庭住房财富效应的影响研究 …… 118

7.1　金融市场化对城镇家庭住房财富效应的影响机制分析 …… 119
7.2　金融市场化对城镇家庭住房财富效应的门槛分析 …… 126
7.3　金融市场化对城镇家庭住房财富效应的空间分析 …… 135
7.4　本章小结 …… 147

第 8 章　住房市场财富效应的研究总结 …… 149

8.1　住房市场财富效应的主要研究结论 …… 149
8.2　提高住房市场财富效应的政策建议 …… 154
8.3　研究不足与展望 …… 157

参考文献 …… 159

第1章 绪 论

本章首先阐述选题的意义,并总结研究的价值;其次,本章整理国内外文献,并进行文献述评;再次,本章整理本书的研究思路,并对研究内容进行简要的说明;然后,本章阐述本书采用的研究方法;最后,本章指出本书的创新之处。

1.1 住房市场的"财富效应之谜"

自20世纪80年代以来,我国经济保持持续快速增长,但经济增长主要依赖三驾马车中的出口和投资来拉动。当前出口相对疲软,投资缺乏动力,不能使经济健康平稳的发展。挖掘消费的潜在空间以达到拉动经济的作用才是长久之计,这也是为什么"十四五"规划中要强调扩大消费需求长效机制的原因。城镇家庭作为消费的主体,其消费能力的不足是造成消费需求不足的重要原因。2020年初新冠肺炎疫情暴发对我国市场和经济带来巨大冲击,产业复工和生产秩序被打乱的同时也给社会经济造成负面影响,再加上疫情防控持续进行,我国原本呈现疲态的经济运行趋势也因此而加剧，投资和出口受到一定冲击，国民消费能力和意向也不断下降。同时，中美贸易争端也提醒我们经济发展不能过度依赖于出口。此时内需消费的作用逐渐凸显，作为经济增长背后的重要推手，消费对我国经济发展起着重要作用，刺激消费市场的回暖能够为经济发展提供巨大动能。2020年10月29日，《中共中央关于制定国民经济和社会发展第十四个五年规划和二〇三五年远景目标的建议》中强调了全面促进消费的重要性和增强消费对经济发展的作用。在国内经济运行趋缓、国际经济环境现状不容乐观的现实背景下，扩大内需、促进家庭消费成为我国经济发展以及经济增长模式转型的关键所在。

事实上，伴随着我国投资的高速增长，家庭消费却长期低迷，这一奇特组合被称为"煎焦了的冻鱼"。目前对于家庭消费低迷的原因，绝对收入假说等经典消费函数理论均认为家庭收入是影响家庭消费的最重要因素。对家庭消费问题进行研究时，除了家庭收入影响因素，国内外研究学者还找到很多其他因素，比如住房价格波动、人口老龄化、城镇化、消费信贷以及传统消费习惯等。其中，住房价格波动对城镇家庭消费影响的研究越来越多。

当住房价格上涨时，城镇家庭会将住房价格上涨增加的住房财富或者财富预期平均分配到整个生命周期，从而使城镇家庭增加消费。但城镇家庭实际上可能不会因为住房价格上涨而消费更多，甚至可能减少家庭消费。这主要出于以下两个方面原因：一是对于改善性住房需求及为子女而计划购买住房的城镇家庭，其将面临较高的购房成本和未来更多的住房抵押贷款的还款压力。为了购买住房，城镇家庭不得不压缩即期消费，以增加储蓄，从而减少家庭消费；二是较高的投资回报会增加投资和投机性住房需求，而住房投资和投机资金将会减少家庭消费。因此，住房价格波动影响城镇家庭消费的财富效应显著还是挤出效应显著的研究结果存在很大差异，构成住房市场的"财富效应之谜"。

住房价格波动对家庭消费的影响效应和影响机制较为复杂，为促进消费、刺激内需，有必要对住房财富效应进行深入研究。住房产业作为国民经济的支柱产业，和很多产业链和各种利益有关联。通过研究住房市场的财富效应可以深入剖析其中的利益博弈，为住房市场调控策略寻找突破口。本书的研究价值如下。

本书的学术价值在于：①本书从城镇家庭的异质性角度研究住房市场的财富效应，不仅可以丰富城镇家庭消费的研究内容，还可以实证检验消费函数理论在我国住房市场的适用性，有助于全面认识住房价格波动对城镇家庭消费的影响，为未来的城镇家庭消费研究奠定了扎实的研究基础；②本书将空间计量分析方法引入到研究当中，利用空间模型对不同城镇家庭的住房财富效应进行研究，可以控制其中可能存在的空间相关性和市场、区域差异，使研究结果更加准确，同时也扩展了空间计量模型在住房财富效应研究中的应用，对同类研究具有参考价值；③本书重点关注金融市场化程度对住房财富效应的城镇家庭异质性影响，不但有利于了解不同特征城镇家庭在金融市场化程度差异下的消费行为调整及其差异，还可以为相关研究领域提供新的视角和经验证据。

本书的应用价值在于：①加强住房市场财富效应的研究有助于指导现实或者上升到政策意义层面，不仅为政府作出提高住房市场财富效应的政策提供参考价值和现实指导，而且对于提高我国人民生活水平和生活质量、产业结构调整升级和经济平稳快速增长均存在重大的现实意义；②通过使用我国微观调查数据进行实证分析，探讨金融市场化对我国不同家庭住房财富效应的影响，可以为助推金融市场和住房市场持续而平衡发展，进而刺激内需、提升家庭消费，促进我国经济健康、可持续发展，推动经济结构转型，提供有效的可借鉴建议；③通过理论研究和分析，可以从我国各区域住房价格、家庭消费和金融市场化的对比中,看到我国各方面存在的差异,寻找其中的可能原因从而为相关制度改革提出建议。

1.2 住房市场财富效应的相关研究进展

1.2.1 住房价格波动对城镇家庭消费结构的影响研究

部分研究学者认为住房价格上涨会促进家庭消费。徐妍和安磊[1]基于生命周期理论,采用CFPS（China family panel studies,中国家庭追踪调查）2010和2012两期面板数据,构建生命周期模型研究发现住房价格上涨会提高拥有多套房家庭消费支出;研究还发现住房价格上涨对居住类和交通类消费支出存在显著影响。周利等[2]采用CFPS2010、2012、2014和2016的家庭调查数据,构建同时纳入家庭债务、住房价格的消费决定模型,研究发现持续上涨的房价会显著促进城镇有房家庭的消费支出。董照樱子[3]采用CFPS的面板数据,构建固定效应模型研究发现房价上涨产生财富效应,金融市场发展会强化住房财富效应,积极的市场情绪也会提高购房热情。

也有部分研究学者认为住房价格上涨会抑制家庭消费。李江一[4]基于预防性储蓄动机理论,采用CHFS（China household finance survey,中国家庭金融调查）2011年和2013年的微观面板数据,构建双重差分模型研究发现"房奴效应"显著降低了家庭消费。李春风等[5]基于流动性约束理论,采用1999—2015年期间我国城镇居民的面板数据,构建动态面板误差修正模型研究发现不受到流动性约束型的居民面对房价上涨会增加消费,而不完全受到流动性约束型和完全受到流动性约束型的居民面对房价上涨会减少消费。刘颜和周建军[6]基于生命周期假说和持久收入假说,采用

2003—2016年地级市面板数据，构建固定效应模型，研究发现城市房价上涨总体上会抑制城镇家庭消费支出。李江涛[7]采用我国城市的面板数据，构建面板门槛模型研究发现住房价格对家庭消费率有抑制效应。黎泉[8]采用我国2005年到2015年的城市面板数据，构建固定效应模型，研究发现住房价格对家庭消费存在显著的抑制效应。田龙鹏[9]采用2004—2017年省级面板数据，构建分位数回归模型研究发现住房价格对家庭消费升级存在显著的是"挤出效应"，还发现社会保障支出提高可以明显提升家庭消费升级水平。黄燕芬[10]采用2008—2016年我国31个省级行政区的数据，运用SYS-GMM估计方法研究发现住房价格上涨通过调节效应对城镇家庭消费水平提高产生抑制效应。牛虎[11]采用2010—2017年数据，构建面板数据模型研究发现房价上涨对家庭消费具有挤出效应，还研究发现房价上涨会抑制东部、中部经济带家庭消费，而对西部经济带家庭消费的抑制效应不显著。

而住房价格波动影响家庭消费结构的研究较少。汪伟等[12]采用35个大中城市2000—2013年的面板数据，构建面板数据模型研究发现房价上涨不利于消费结构升级，其中房价上涨1%会使消费结构升级指数下降0.27%。张冲[13]构建面板数据模型研究发现房价上涨会拉动居民非住房消费，对居民必需性消费的影响不大，但会通过住房财富效应增加居民非必需性消费。刘玉飞等[14]采用CFPS数据，构建分位数回归模型研究发现住房价格上涨更不利于有房贷家庭消费结构升级；研究还发现住房价格上涨更不利于农村地区家庭和2套以下房产家庭消费结构升级。

已有文献的理论基础大多为生命周期假说，而本书第2章基于持久收入假说构建回归模型进行研究。持久收入假说认为持久收入会影响家庭消费。由于持久收入相关数据不能够直接获取，我们把持久收入看成是受教育水平和家庭规模的线性函数进行测算（参加胡翠和许召元[15]）。已有文献大多研究住房价格波动对家庭消费支出的影响，而第2章将消费品分为生存型、享受型和发展型消费品，以研究住房价格波动对城镇家庭消费结构的影响。由于城镇家庭消费不符合正态性假设，且住房价格和城镇家庭消费之间存在异方差，第2章构建放松假设条件的分位数回归模型进行研究。

1.2.2 住房套数对城镇家庭消费结构的影响研究

目前部分国内外学者研究家庭所在地区、家庭户主年龄、家庭所处的不同收入等级、自有住房家庭和租房家庭以及住房套数对家庭消费的影响。其中，Huang和Lu[16]采用1998—2012年我国31个省（自治区和直辖市）的面板数据，构建计量经济学模型研究发现东部地区住房投资行为明显，但中部地区和西部地区的住房投资行为在统计上微不足道。廖海勇和陈璋[17]采用1999—2012年我国30个省（自治区和直辖市）的面板数据，构建固定效应变系数模型研究发现从整体上看，东部地区的房地产财富效应较强，中西部地区的房地产财富效应较弱。Clancy等[18]基于生命周期理论，采用1987—2010年爱尔兰的微观数据，构建计量模型研究发现房价水平与青年、中年和老年人群的消费水平有很强的相关性，对青年的影响十分显著。黄静和屠梅曾[19]采用家庭微观调查数据，构建模型研究发现年轻自有住房者的财富效应显著高于年老自有住房者，而无论是年轻还是年老的非自有住房者与年老自有住房者的房地产财富效应不存在显著差异。杭斌[20]基于地位寻求理论，采用CHFS数据，构建地位性支出模型和住房需求模型研究发现房价上涨仅抑制了中低收入家庭的消费，对高收入家庭不存在显著影响。Berger等[21]采用美国PSID从1999年到2011年7个样本年的30462个观测数据，构建动态家庭消费市场模型研究发现在住房不存在租赁以及允许租赁两种情况下住房市场的财富效应大小存在差异。祝梓翔等[22]采用CHFS2006—2014年的数据，构建包括租房家庭的异质性主体模型，研究发现高住房自有率会强化房地产挤出效应。李涛和陈斌开[23]基于生命周期理论，采用国家统计局2009年进行的中国城镇家庭调查数据，构建计量模型研究发现现有文献中所识别的房地产财富对家庭消费的影响（资产效应）是存在的，但并不强，研究还发现住房资产不存在"财富效应"，这个结论不仅在平均意义上成立，而且对于拥有大产权房或二套房的家庭同样成立。毛中根等[24]采用CHFS数据，构建计量模型研究发现住房价格上涨对3类代表性家庭（拥有至少两套住房的家庭、只有一套住房的家庭和没有住房的租房家庭）的消费均存在拉动作用。石永珍和王子成[25]采用CFPS2010和2012的面板数据，构建计量模型研究发现多套房家庭、大产权房家庭、青年家庭、中等收入家庭对住房资产升值的反应较为敏感，住房资产的财富效应主要体现为对这些家庭消费支出的正向影响上。张浩等[26]采用CFPS2010和2012两期面板数据，构建固定效应模型研究发现整体上家庭住房财富效应是显著的，且拥有多套住房家庭会呈现更加明显的住房财富效应，同时还发现住房资产占家庭资产比重低的家庭具有较大的住房财富效应。He等[27]采用我国家庭层面调查大数据，构建两阶段最小二乘估计模型研究发现中国房地产繁荣促进了消费，还研究发现不同家庭呈现出异质性。颜文聪等[28]基于行为经济学理论，采用微观家庭的调查数据，构建Ordered Probit模型研究发现居民预期的住房价格的下降对住房资产财富少、收入低的家庭影响不显著，但是会显著减少住房资产财富多、收入高家庭的消费支出。王翌秋和管宁宁[29]采用2014年和2016年两期CFPS数据，构建固定效应模型研究发现我国住房财富效应广泛存在，是否持有住房、住房套数和住房价值对家庭消费均存在影响。因此，本书第3章根据拥有住房的套数，将城镇家庭分为城镇无房家庭、城镇刚需家庭和城镇投资家庭，研究住房套数对城镇家庭消费结构的影响。

由于我国城镇无房、刚需和投资家庭对消费品支出份额会因消费支出变动产生差别，本书第3章更适合构建恩格尔曲线为非线性的3秩需求系统模型进行研究，比如二次型近似理想需求系统 QUAIDS（quadratic almost ideal system）模型（参见赵昕东和汪勇[30]；韩啸等[31]）。运用 QUAIDS 模型进行经验分析，还可以计算城镇无房、刚需和投资家庭的福利变动。部分国内外研究学者（参见 Cranfield 等[32]；赵昕东和王小叶[33]）利用补偿变动 CV（compensating variation）方法研究家庭福利问题。因此，本书第3章构建 QUAIDS 模型，利用补偿变动方法研究住房套数对城镇家庭消费结构与福利的影响。

1.2.3 住房价格波动对异质性自有住房家庭消费率影响研究

杨赞等[34]采用 2004—2009 年城镇居民的微观调研数据和区域宏观数据，构建跨期消费效用和投资组合模型研究发现对于住房所有者而言，拥有住房不仅需要支付住房使用成本，同时也需要支付住房投资的机会成本，而两者的相对值是影响住房—消费关系的重要因素，研究还发现住房价格对单套和多套住房家庭的影响相对一致。Gan[35]采用香港 12793 名个人的住房财富和信用卡支出的面板数据集，构建计量模型研究发现住房财富可以部分解释这种家庭消费的敏感性。赵昕东和夏之垚[36]采用我国 2002 年第一季度至 2014 年第四季度的经济数据，构建 SVAR（structural vector auto-regression）模型研究发现房地产价格上涨会让家庭消费增长率增加。祝丹和赵昕东[37]采用 1999 年第一季度至 2015 年第一季度的省级面板数据，构建面板向量自回归模型 PVAR（panel vector auto-regression）模型研究发现房价对家庭消费的影响为正。也有学者从家庭的住房面积角度进行研究。况伟大[38]采用我国 35 个大中城市 1996—2008 年家庭数据，构建两期房价与消费关系模型研究发现居民为增加家庭的住房面积不得不缩减消费支出。颜建晔等[39]采用 CFPS2010、2012 和 2014 家庭调查数据，构建面板数据模型研究发现由于存在遗产动机和潜在的换房需求，有房家庭的住房财富效应被明显抑制，国外学者 Burrows[40] 的研究得到相同结论。Roiste 等[41] 采用家庭调查数据，构建面板数据模型研究发现家庭杠杆在住房萧条时会强化住房财富效应，但在繁荣时会削弱住房财富效应。还有学者发现住房资产的财富效应存在时变性，比如王凯和庞震[42] 采用 1998—2017 年月度时间序列数据，构建房地产价格、家庭消费与货币供应量的 TVP-VAR 模型，研究发现住房价格上涨对家庭消费产生的促进作用随着时间推进而减弱。国内外研究学者大多基于生命周期—持久收入假说宏观经济理论构建消费函数模型，从住房所有权、收入水平或者户主年龄等多个方面研究住房价格波动对异质性家庭消费支出的影响，且假设多个异质性家庭表现形式之间相互独立。参考赵胜民和罗琦[43] 的研究，本书第 4 章基于宏微观经济理论构建 DSGE 模型，采用宏观数据，综合考虑购买住房资金来源、收入水平以及户主年龄等方面的不同，将自有住房家庭分为储蓄型和借贷型家庭。其次，在家庭住房决策行为的理论研究中，国内外研究学者大多仅考虑住房商品、投资品和抵押品三重属性中的单一属性，仅基于住房的商品属性构建消费函数模型（参见李剑和臧旭恒[44]），或者仅基于住房的投资品属性研究住房市场的财富效应（参见 Cristini 和 Sevilla[56]），或者基于住房商品和投资品双重属性研究住房的租买选择和投资组合决策（参见杨赞等[34]）。但这些研究没有考虑住房在金融借贷中的抵押品属性，从而很难有效区分住房价格波动对家庭消费影响的不同传导渠道。DSGE（dynamic stochastic general equilibrium，动态随机一般均衡）模型可以将作为商品、投资品和抵押品的住房同时引入完善的多部门经济系统中，这不仅可以用来研究住房价格波动对家庭消费影响的财富效应，还可以用来进一步有效区分住房价格波动对家庭消费影响的不同传导渠道，反映和模拟了经济实际运行情况。在本书第 4 章构建的 DSGE 模型中，住房既是商品，又是投资品，同时在借贷型家庭和住房开发企业向商业银行贷款时为抵押品。国内外研究学者大多研究住房价格波动影响城镇家庭消费支出的财富效应（参见李剑和臧旭恒[44]；Berger 等[21]），很少对影响城镇家庭消费率的财富效应进行研究。由于 DSGE 模型中储蓄型家庭和借贷型家庭终生效用函数由 CES（constcut elasticity substitution）效用函数表示，本书第 4 章直接对水平形式的包括储蓄型家庭消费率和借贷型家庭消费率变量的非线性随机差分方程组进行估计，通过对数线性化非线性随机差分方程组进行研究是未来的研究方向之一；进而，DSGE 模型不仅可以避免"Lucas 批判"，还可以在缺乏历史数据的情形下开展 Bayesian 估计实验，更能综合地分析住房价格等经济变量短期波动的情况；最后，DSGE 模型能通过修改结构参数、政策参数或者政策变量稳态值进行反事实仿真。应该指出，反事实仿真分析是第 4 章构建 DSGE 模型的最主要原因之一。自从 1998 年住房市场化改革以来，家庭拥有住房的热情一下子被激发出来，拉开了我国住房市场发展的序幕。为了研究在最低首付比调低背景下，住房偏好冲击对异质性自有住房家庭消费率的影响，第 4 章对借贷型家庭贷款价值比稳态值进行反事实仿真。在改变借贷型家庭贷款价值比稳态值而保持其他参数和变量稳态值不变的条件下，第 4 章比较储蓄型家庭消费率和借贷型家庭消费率对住房偏好冲击的脉冲响应差异。因此，第 4 章构建 DSGE 模型研究住房价格波动对异质性自有住房家庭消费率的影响。

1.2.4　货币政策调控住房市场的规则选择研究

1995 年颁布的《中国人民银行法》第 3 条规定，中国人民银行的"货币政策目标是保持货币币值稳定，并以此促进经济增长"。目前国内外关于货币政策有效性的研究文献集中在研究货币政策对通货膨胀和经济增长的影响,且货币政策在抑制通货膨胀和促进经济增长之间存在两难选择。徐茂魁等[45]构建向量自回归VAR(vector auto-regression)模型研究发现中国以信贷扩张为主的货币政策相对于以货币供给量增加为主的货币政策更能有效带动中国的经济增长,并带来更小的通货膨胀,从而有效解决了流动性陷阱中货币政策无效性的难题。面对中国货币政策在抑制通货膨胀和促进经济增长之间的两难选择时,由于中国以信贷扩张为主的货币政策的特殊有效性,中国可以继续实施适度宽松的货币政策,但要更加注重货币政策的综合作用。任碧云和高鸿[46]构建多元线性回归模型研究发现货币供给量M1的增长是推动GDP增长和CPI增长的主要因素。在制定货币政策时,既要考虑推动GDP增长的目的,也要受到CPI上涨的制约,需要在二者之间权衡。Brubakk等[47]在一个小型开放经济中构建包括房地产市场的新凯恩斯DSGE模型,研究发现来自房地产市场的金融摩擦在某种程度上会降低和缓和货币政策冲击对宏观经济的影响。为了稳定物价和产出,Taylor[48]指出在2000年互联网泡沫破灭后,欧美中央银行都选择了比较积极的扩张性货币政策,且在之后的房价泡沫形成阶段也一直实施比较积极的扩张性货币政策。Dokko[49]采用相同的统计方法,研究发现20世纪中期的扩张性货币政策并不是许多国家住房价格大幅上涨的主要原因;研究还发现银行信贷和住房需求相互促进,并促进了住房市场的繁荣。宏观审慎政策而不是货币政策在管理住房价格繁荣方面发挥更大的作用。然而,Mcdonald和Stokes[50]采用格兰杰因果关系分析和VAR模型,研究发现与2001—2004年美联储的扩张性货币政策是导致房价泡沫的一个重要原因。

也有部分国内研究学者研究货币政策对住房价格和经济增长的影响。张红和李洋[51]采用2001—2010年我国30个省市地区的数据,构建全局向量自回归GVAR(Global Vector Autoregression)模型研究发现货币供给量的增长会推动东中西部地区工业产出和房地产投资,但在长期上会抑制社会消费和房价,且中部地区的受影响程度最低。巴曙松和田磊[52]构建包括住房市场和普通消费品市场的新凯恩斯DSGE模型,研究发现中国持续的扩张性货币政策导致了住房价格不断攀升,而住房价格攀升将导致经济增长的波动,甚至有可能在将来阻碍中国经济的持续增长。谭政勋和王聪[53]构建SVAR模型,研究发现如果货币政策能够充分利用房价波动的当前信息与过往信息,而不只是过往信息,紧缩性货币政策能更有效抑制产出、房价和通货膨胀;而扩张性货币政策能够减小宏观经济波动。

2016年5月10日,"权威人士"在《人民日报》发文认为存在房价泡沫,这是国内首次官方确定房价泡沫的存在。通过知网的搜索发现近五年以来还没有研究货币政策调控住房市场的规则选择的文献,只有两篇研究货币政策对房价泡沫影响的文献(王柏杰和冯宗宪[54];黄宪和王书朦[55])。王柏杰和冯宗宪[54]采用房价增长率与人均可支配收入之比来衡量房地产泡沫,构建结构向量自回归SVAR模型。模型研究发现货币政策工具对房价作用的有效性在全国层面上表现明显,但对京津沪的作用不显著。这一结果表明对于房价泡沫除了要控制金融支持过度外还要控制非理性泡沫,更要防止紧缩货币政策对房价的过度挤压,避免刺穿泡沫给实体经济带来的破坏。黄宪和王书朦[55]构建包括实际资产价格泡沫的SVAR模型研究发现我国以利率为代表的价格型调控工具对资产价格泡沫有显著的正向影响,且股价波动对利率政策的影响程度高于房价;研究还发现我国货币政策应关注资产价格波动,同时应构建包含资产价格的广义物价指数,构建多层次资本市场并发挥资产价格的辅助监测指标作用,提高货币政策调控的前瞻性及有效性。但这两篇文献所构建的SVAR模型可能存在不可识别等问题。

虽然关于度量美国房价泡沫指标选取的国外研究文献极具启示意义和借鉴价值,但由于基本国情不同,其研究方法和结论也不能照搬。从理论上看，房价收入比可以用来考察我国房价泡沫引发的系统性金融风险。房价收入比越高，房价泡沫越高，则总体上城镇家庭按揭买房后在规定期限内按时支付足额的月供给商业银行的能力越差，其中更多收入低于一定水平的城镇家庭申请了按揭贷款后，便不可能在规定期限内按时支付足额的月供给商业银行，商业银行面临的违约风险就越大；房价收入比高到一定程度，即房价泡沫达到一定程度，则银行体系很可能面临系统性金融风险，从而酿成金融危机。因此，本书第5章拟选取房价收入比作为度量我国房价泡沫较为合理的指标。

目前国内外关于货币政策有效性的研究文献集中在研究货币政策对通货膨胀和经济增长的影响，且货币政策在抑制通货膨胀和促进经济增长之间存在两难选择。通过知网搜索发现的两篇研究货币政策对房价泡沫影响的文献中所构建的SVAR模型可能存在不可识别等问题。因此，本书第5章选取房价收入比变量作为房价泡沫指标，构建新凯恩斯DSGE模型研究货币政策调控住房市场的规则选择。

第5章与此前文献的主要区别在于：①本书基于货币政策的住房价格传导机制理论研究货币政策调控住房市场的规则选择，将会完善我国传统的货币政策住房价格传导机制理论；②本书在新凯恩斯DSGE模型框架下基于福利分析方法的研究为我国货币政策规则的选择研究提供新的方法参考；③本书对货币政策调控力度的研究在房价泡沫合理区间内最大化经济增长水平，创新性地为政府提供随房价泡沫变动的调控力度政策建议，以权衡在防范系统性金融风险和经济硬着陆风险之间的两难选择。

1.2.5 货币政策对住房市场财富效应的影响研究

目前关于货币政策冲击对住房市场财富效应的国内外研究文献比较多。Giuliodorin[56]分别构建9个欧盟成员国的向量自回归VAR模型研究发现对于入欧前拥有更发达和更具有竞争力的住房和抵押贷款市场的经济体，住房价格很可能会扩大货币政策冲击对消费支出的影响。Koivu[57] 构建 SVAR 模型研究发现我国扩张性货币政策会通过住房价格传导机制使家庭增加消费。但持续的扩张性货币政策会使家庭预期住房价格上涨，使家庭购买住房和股票等资产，从而会挤占消费。李树丞等[58] 采用 1999—2006 年季度数据，构建 SVAR 模型研究发现 1 单位的货币政策冲击使社会消费品零售总额减少 0.002%，房地产价格下降 0.1%，1% 单位的房地产价格冲击使社会消费品零售总额增加 0.002%，即房地产价格在货币政策对社会消费品零售总额的传导影响中贡献为 10%。王松涛和刘洪玉[59] 构建 SVAR 模型研究发现住房市场是传导货币政策信号的重要载体。住房价格解释货币政策下社会消费品零售总额下降的 45%，1 标准差的正向利率冲击使社会消费品零售总额下降 1.09%，住房价格则下降 0.47%；1 标准差的正向住房价格冲击使社会消费品零售总额上升 1.24%。龙少波等[60] 构建中介效应模型研究发现货币政策会直接影响家庭消费；研究还发现房价不会直接影响家庭消费，货币政策通过房价也不会间接影响家庭消费。郭娜等[61] 构建一个包括房地产部门的系统性金融风险内生化 DSGE 模型，研究表明紧缩的货币政策冲击使房价和产出等宏观经济变量下降，杠杆率和系统性金融风险水平上升；还研究发现高房价黏性的存在会影响货币政策对房地产市场的调控效果。朱大鹏和陈鑫[62] 构建 DSGE 模型研究发现房价上涨会使异质性家庭的财富再分配，从而降低扩张性货币政策促进消费、投资和总产出的显著性。王勇[63] 构建 DSGE 模型研究发现货币政策冲击使住房价格影响无信贷约束家庭消费率的直接财富效应显著，且影响受信贷约束家庭消费率的资产负债表效应显著。

目前研究货币政策冲击对住房市场财富效应影响的国内外文献研究方法和研究结论均具有一定的参考价值，但同时存在诸多不足。国内外文献大多研究住房价格波动影响家庭消费的财富效应是否显著，没有细分研究住房市场的直接财富效应、资产负债表效应和替代效应是否显著。再者，关于货币政策冲击对住房市场财富效应影响的国内外文献缺少引入宏观审慎政策的研究。而宏观审慎政策的理论框架基于新凯恩斯主义经济理论。最后，关于货币政策冲击对住房市场财富效应影响的国内外文献缺少引入预期到的货币政策冲击的研究（参见杨柳等[64]；王频和侯成琪[65]；庄子罐等[66]）。因此，本书第 6 章以新凯恩斯主义经济理论为基础，构建引入宏观审慎政策和预期到的货币政策冲击的新凯恩斯 DSGE 模型研究双支柱调控框架下预期到的货币政策冲击对住房市场财富效应的影响。

1.2.6　金融市场化对城镇家庭住房财富效应的影响研究

住房财富效应的大小、方向与所处的市场化程度状况紧密相关。国外学者通常使用国家层面的数据进行实证研究。Ciarlone[67]采用亚洲和中东欧的 17 个新兴经济体经济数据，构建混合回归模型研究发现相比金融类的资产财富，房地产财富对消费水平的促进作用更大。Bhatt 和 Kishor[68]通过协整检验发现美国和加拿大的住房市场具有显著的财富效应，而德国住房市场的财富效应不显著。

我国各省（自治区和直辖市）间差异性较大，此类研究也层出不穷。王培辉和袁薇[69]采用 2000—2009 年第二季度的我国房地产销售额、城镇家庭消费支出和收入有关季度数据，构建面板协整模型研究发现中东部地区住房财富效应为正值，西部地区为负。李成武和李婷[70]采用 1999—2008 年我国经济数据，构建空间面板数据模型研究发现我国各省（自治区和直辖市）的房价和城镇家庭消费均呈现空间聚集趋势，房地产市场呈现挤出效应。徐春华[71]采用 1994—2010 年我国 30 个省域面板数据，构建状态空间模型研究发现在全国、西部和东部地区，房价与家庭边际消费倾向之间均存在显著的倒"U"型关系。鞠方等[72]基于生命周期—持久收入理论，采用 2002 年至 2013 年 31 个省（自治区和直辖市）的面板数据，运用两步 SYS-GMM 估计方法，构建 Ramsey 模型研究发现房价波动对居民住房消费的影响存在区域差异性。杨柳[73]采用 2005 年第 1 季度至 2019 年第 4 季度数据，构建面板门槛模型，研究发现房价对消费的影响存在显著的区域异质性，东部地区表现出门槛突变效应，中部地区不存在门槛效应，西部地区存在门槛抑制效应。张娜和吴福象[74]基于生命周期理论和持久收入理论，采用 2002—2016 年 31 个省（自治区和直辖市）数据，构建省级动态面板模型，运用两步 SYS-GMM 估计方法研究发现房价影响消费存在区域异质性。

住房价格上涨对家庭消费的影响也与市场化程度息息相关，金融市场是与住房最为相关的市场之一，关于金融市场化影响家庭住房财富效应的研究也极为重要。国内外部分学者利用国家或省级层面数据研究住房财富效应时发现：包括金融市场在内的宏观环境状况会对住房财富效应的发挥产生一定影响。Case[75]研究发现发达的金融市场能够提供更多有保障的住房出售渠道和成熟的住房抵押渠道，同时能够减少住房转换产生的成本。另外，发达的金融市场有助于消费者通过住房抵押进行再融资，从而获得消费资金。Dong 等[76]采用 35 个大中城市的年度房地产和家庭消费数据，构建面板门槛模型研究发现只有金融市场发展到较高水平时，住房价格上涨才能促进家庭消费水平提高。罗孝玲和陈倩[77]采用 2003—2016 年我国 35 个大中城市的面板数据，运用 SYS-GMM 估计方法，构建面板门槛模型研究发现金融市场发展对住房价格影响城镇家庭消费的影响存在门槛效应，促进金融市场发展会增强住房市场财富效应。

除了金融市场，也有学者从其他宏观市场化程度展开研究，比如住房市场、税收制度和劳动力市场等。薛晓玲和臧旭恒[78]基于家庭财富配置视角，采用 CFPS 数据，构建中介效应模型研究发现住房价格的增速上升会抑制住房财富效应发挥，相对的住房价格水平促进住房财富效应。葛晶等[79]基于"心理账户"视角，采用 CFPS2014 数据，构建多层次线性模型研究发现家庭财富的差异、地区间劳动力市场和房地产市场的发展程度差异导致了区域性差异。

现有研究表明不同特征家庭住房财富效应存在异质性，且区域差异和金融市场会对住房财富效应产生一定的影响。综合上述的文献梳理，加深了对住房财富效应研究的认识和理解，同时也发现一些现有文献的研究局限以及存在的探索空间。

第一，已有文献注重整体分析，往往忽视区域间的不同或个体差异。已有研究虽然关注了市场化程度产生的影响，但大多数学者对市场化程度影响住房财富效应的研究还停留在宏观层面的整体分析，研究市场化程度对住房财富效应的非线性影响，却忽视了市场化程度区域发展差异对住房财富效应的影响，且已有研究往往针对宏观层面数据进行分析，因而无法同时考察到微观层面城镇家庭异质性的影响。

第二，已有研究注重个体样本城镇家庭分析而忽略了空间和地域上的影响。已有文献关注了城镇家庭异质性对住房财富效应的影响，但很少有学者在研究个体城镇家庭特征时考虑到空间和环境差异可能会带来的影响。现有研究大多将样本城镇家庭作为独立个体进行研究，没有考虑到空间效应的影响。

第三，目前大多数关于住房财富效应的研究采用省级面板数据，一方面很难将住房价格对城镇家庭消费的影响单独分离出来，另一方面无法考虑城镇家庭特征因素，识别城镇家庭异质性的影响。由于数据应用的扩展，采用微观层面样本数据进行研究的学者越来越多，但不足的是，微观数据处理程序复杂，大部分是横截面数据，很难考虑到空间信息。

综上所述，已有文献很少同时考虑市场化程度和城镇家庭因素对住房财富效应的影响。因此，本书第 7 章将在现有研究成果的基础上进行拓展研究，采用由 CFPS2010、2012、2014、2016 和 2018 城镇家庭样本数据整合的微观面板数据，构建空间计量模型研究金融市场化程度对城镇家庭住房财富效应的影响，还研究在金融市场化程度差异下住房财富效应的城镇家庭异质性。

1.2.7 创新之处

在充分吸纳和借鉴已有国内外研究成果的基础上，本书就住房市场的财富效应进行了系统的实证分析。本书的创新之处如下。

（1）已有文献的理论基础大多为生命周期假说，而本书第 2 章基于持久收入假说构建回归模型进行研究。由于城镇家庭消费不符合正态性假设，且住房价格和城镇家庭消费之间存在异方差，因此第 2 章构建放松假设条件的分位数回归模型进行研究。虽然部分国内外文献研究住房套数对家庭消费的影响，但均研究住房套数对家庭消费支出的影响，缺少对家庭消费结构的研究。因此，第 3 章根据拥有住房套数，将城镇家庭分为城镇无房家庭、城镇刚需家庭和城镇投资家庭，研究住房套数对城镇家庭消费结构的影响。

（2）由于住房市场的发展不能缺少银行系统的大力支持，第 4 章在 DSGE 模型框架下，同时引入银行系统和动态贷款价值比宏观审慎政策工具。为了追求利润最大化，商业银行会调整信贷量，从而产生调整成本。第 4 章在 DSGE 模型框架下引入银行调整成本来模拟商业银行的经营过程。同时，为了验证动态贷款价值比宏观审慎政策工具的有效性，第 4 章在 DSGE 模型的借贷型家庭和住房开发企业两个部门中引入动态贷款价值比宏观审慎政策工具，同时引入中央银行通过动态贷款价值比来调控信贷总量的思想。

（3）第 5 章基于货币政策的住房价格传导机制理论研究货币政策调控住房市场的规则选择，将会完善我国传统的货币政策住房价格传导机制理论。第 5 章在新凯恩斯 DSGE 模型框架下基于福利分析方法的研究为我国货币政策规则的选择研究提供新的方法参考。第 5 章对货币政策调控力度的研究在房价泡沫合理区间内最大化经济增长水平，创新性地为政府提供随房价泡沫变动的调控力度政策建议，以权衡在防范系统性金融风险和经济硬着陆风险之间的两难选择。

（4）国内外文献大多研究住房价格波动影响家庭消费的财富效应是否显著，没有细分研究住房市场的直接财富效应、资产负债表效应和替代效应是否显著。再者，关于货币政策冲击对住房市场财富效应影响的国内外文献缺少引入宏观审慎政策的研究。而宏观审慎政策的理论框架基于新凯恩斯主义经济理论。最后，关于货币政策冲击对住房市场财富效应影响的国内外文献缺少引入预期到的货币政策冲击的研究。因此，第 5 章以新凯恩斯主义经济理论为基础，构建引入宏观审慎政策和预期到的货币政策冲击的新凯恩斯 DSGE 模型研究双支柱调控框架下预期到的货币政策冲击对住房市场财富效应的影响。

（5）第 7 章将金融市场因素与家庭特征因素纳入同一分析框架，控制我国金融市场化程度差异影响的同时，考虑微观样本家庭的不同特征，研究不同家庭在面对住房价格波动时的消费行为会在不同的金融市场化程度下产生怎样的变化。第 7 章一方面将微观调查数据整合成面板数据，应用到我国住房财富效应研究中，此前研究多数使用横截面的微观数据或省际面板数据，无法控制住随时间改变而改变但没有观测到的个体家庭差异带来的影响；另一方面，第 7 章将空间计量模型应用到研究当中，同时也采用微观调查数据建立模型，不仅丰富了该领域的研究方法，也弥补了研究方法和数据单一、忽略空间和环境差异对住房财富效应的影响等缺陷。另外，在模型设定上，第7章同时将金融市场化程度因素和家庭因素纳入模型，达到研究不同市场化程度下的住房价格与家庭消费可能性关系的目的。

1.3 住房市场财富效应的研究路径

1.3.1 研究思路

近几年，我国经济从高速发展回落到"新常态"水平，加之中美贸易战的打响以及2020年新冠肺炎疫情的重要影响，挖掘我国内需消费的潜在空间以达到拉动经济的作用成为长久之计，这也是为什么"十四五"规划中要强调扩大消费需求长效机制，同时消费结构升级也成为引领经济高质量发展的关键所在。房地产业对国民经济发展贡献巨大，而住房于居民的重要性和房地资产的双重属性，使住房价格波动对家庭消费的影响复杂且十分关键。利用住房市场提振内需，实现家庭消费结构升级成为可能。事实上，伴随着我国投资的高速增长，家庭消费却长期低迷，根据早期经典的消费函数理论，均认为家庭收入是影响家庭消费的最重要因素。除了家庭收入影响因素，国内外研究学者还找到很多其他因素，比如住房价格波动、人口老龄化、城镇化、消费信贷以及传统消费习惯等。其中，住房价格波动对城镇家庭消费影响的研究越来越多。因此，本书第2章构建分位数回归模型研究住房价格波动对城镇家庭消费结构的影响。

住房价格持续上涨，家庭消费明显不足是目前我国住房市场的现状，扩大内需是当务之急。居者有其屋是绝大多数城镇家庭的梦想。根据CFPS2014数据，我国城镇家庭住房自有率已高达77.57%。本书第3章根据拥有住房套数，将城镇家庭分为城镇无房家庭、城镇刚需家庭和城镇投资家庭。对于城镇无房家庭，家庭为了买房会进行预防性储蓄，会更多减少非必需品支出，从而不利于家庭消费结构升级。对于城镇刚需家庭，家庭大多通过商业银行贷款购买住房，住房的购买透支了城镇家庭的未来消费，家庭为了还贷会更多减少非必需品支出，从而不利于家庭消费结构升级。对于城镇投资家庭，由于限售等政策的存在，增值的住房越来越不容易变现，对非必需品的支出不会增加很多，从而不一定会利于家庭消费结构升级。住房价格上涨会通过影响医疗保健和文教娱乐等消费品价格对城镇无房、刚需和投资家庭消费结构产生影响。因此，第3章采用CFPS2014数据，在QUAIDS模型中加入反映家庭拥有住房套数的人口特征变量，研究住房套数对城镇家庭消费结构的影响。

Bernanke和Gertler[81]的文章发表应该代表着金融加速器理论的正式问世（参考李拉亚[80]）。新凯恩斯主义经济理论在DSGE模型中纳入了金融加速器理论。2008年的全球金融危机使新凯恩斯主义经济理论取代新古典主义经济理论占据主导地位。国内外研究学者基于新凯恩斯主义经济理论，积极投身于包括信贷市场摩擦的DSGE模型开发。由于在DSGE模型框架下引入信贷约束机制，需要同时考虑自有住房家庭和厂商的异质性。由于购买住房资金来源、收入水平以及户主年龄等多个方面的不同，自有住房家庭对未来住房价格变动会表现为异质性预期：部分自有住房家庭持看涨预期，而余下部分自有住房家庭持看跌预期。根据自有住房家庭对未来住房价格变动的异质性预期（参考赵胜民和罗琦[43]），本书在动态随机一般均衡DSGE模型框架下，将自有住房家庭划分为储蓄型家庭和借贷型家庭。其中，储蓄型家庭持看跌预期，大多为老年高收入自有住房家庭，其积累了足够的财富，消费决策符合随机游走假说，且满足标准的欧拉方程。由于预期住房价格将会下跌，储蓄型家庭会延后消费，增加储蓄以在住房价格下降时购买住房。而借贷型家庭持看涨预期，大多为中年中等收入自有住房家庭，根据拇指规则 ROT（Rule of Thumb）进行消费。由于预期住房价格将会上涨，借贷型家庭依靠商业银行个人住房贷款购买住房，并不会通过长期的储蓄来购买住房。因此，与储蓄型家庭相比，借贷型家庭的主观贴现率更低。而主观贴现率的不同使住房价格波动对异质性自有住房家庭消费率影响存在差异。因此，本书第4章在 DSGE 模型框架下，研究住房价格波动对异质性自有住房家庭消费率的影响。

2016年5月10日，"权威人士"在《人民日报》发文认为我国住房价格存在泡沫。鉴于我国住房产业以间接融资为主，很依赖抵押贷款，同时考虑商业银行作为我国抵押贷款的中心，房价的持续飙升必将会危害我国金融系统的稳定。12月9日，中央政治局会议虽然没有再明确强调抑制资产泡沫，但明确强调了防范系统性金融风险。2017年12月7日，中央国家机关工委官方微信"紫光阁微平台"刊登中国人民银行行长周小川文章——《牢记使命担当，建设现代金融体系》指出要坚持把维持物价稳定和防控系统性金融风险作为金融宏观调控的核心目标。因此，本书第5章构建 DSGE 模型研究货币政策调控住房市场的规则选择，以防范系统性金融风险和经济硬着陆风险。

2017年2月17日，中国人民银行货币政策分析小组发布的《中国货币政策执行报告（2016年第四季度）》中首次提出货币政策和宏观审慎政策双支柱调控框架。当前货币政策调控存在困境：货币政策如果持续宽松，住房泡沫可能会被捅破，从而引发金融系统性风险；而货币政策如果由宽松转向紧缩，住房价格可能会大幅下降使内需不足。再者，宏观审慎政策工具是双支柱调控框架下宏观审慎政策最重要的组成部分，而且宏观审慎政策的功能是通过宏观审慎政策工具操作来实现的。在宏观审慎政策工具中，操作性最强的是动态贷款价值比 LTV（loan to value）。目前日本和中国等国家大多使用动态贷款价值比宏观审慎政策工具来防范住房市场的金融系统性风险，且取得一定的成效。最后，预期是影响住房市场健康运行的重要因素。公众预期与住房价格波动紧密相关，对货币政策冲击的预期会通过改变公众的经济行为决策及对远期住房价格的心理评估而影响当期住房市场运行。因此，本书第6章在DSGE模型中引入宏观审慎政策和预期到的货币政策冲击，以研究双支柱调控框架下预期到的货币政策冲击对住房市场财富效应的影响。

住房价格变动对家庭消费支出的作用效应无法单一而论，影响机制也较为复杂，其中金融市场的调节作用也不可忽视。住房价格变动一方面可以通过住房资产的财富效应，增加投资者实现或未实现的财富，从而增加收入、提升消费；另一方面可以通过增加住房的使用成本，压缩消费者的可支配收入，降低消费支出形成挤出效应。而金融市场在居民投资、抵押贷款和融资等方面扮演重要角色，由此能对居民住房财富效应产生影响。如何正确发挥住房市场带来的财富效应，进而刺激家庭消费成为待解决的问题。目前，也有许多国内外学者对住房价格影响家庭消费进行研究。然而，很少有学者会考虑到我国各地区金融市场化程度差异是否会对不同特性家庭的住房财富效应产生影响，以及其影响的异质性。因此，本书第7章研究金融市场化对城镇家庭住房财富效应的影响。

1.3.2 研究内容

本书按照文献回顾、实证分析和政策建议的研究路线，具体分为8章。

第1章为绪论。本章首先阐述住房市场的"财富效应之谜"；然后，本章整理住房市场财富效应的相关研究进展，并指出本书的创新之处；最后，本章阐述住房市场财富效应的研究路径。

第2章为住房价格波动对城镇家庭消费结构的影响研究。本章将消费品分为生存型、享受型和发展型消费品，采用CFPS2014数据，构建分位数回归模型研究住房价格波动对城镇家庭消费结构的影响。首先，本章根据研究问题构建多元线性回归模型和分位数回归模型。其次，本章对模型所采用的变量进行描述性统计。然后，本章构建多元线性回归模型和分位数回归模型研究住房价格波动对城镇家庭消费支出的影响。最后，本章构建多元线性回归模型和分位数回归模型研究住房价格波动对城镇家庭消费结构的影响。

第3章为住房套数对城镇家庭消费结构的影响研究。本章根据拥有住房套数，将城镇家庭划分为城镇无房家庭、城镇刚需家庭和城镇投资家庭。首先，本章通过重新编制2012年地区投入产出表，构建投入产出价格模型得到QUAIDS模型中的消费品价格数据。然后，本章采用CFPS2014数据，在QUAIDS模型中加入反映家庭拥有住房套数的人口特征变量，研究住房套数对城镇家庭消费结构的影响。最后，本章还利用补偿变动方法研究住房套数对城镇家庭福利的影响。

第4章为住房价格波动对异质性自有住房家庭消费率的影响研究。本章构建包括储蓄型家庭、借贷型家庭、住房开发企业、最终产品厂商、商业银行和中央银行六个微观经济主体的DSGE模型。由于DSGE模型中储蓄型家庭和借贷型家庭终生效用函数由CES效用函数表示，本章直接对水平形式的包括储蓄型家庭消费率和借贷型家庭消费率变量的非线性随机差分方程组进行估计，通过对数线性化非线性随机差分方程组进行研究是未来的研究方向之一。首先，本章采用直接经验校准、VAR模型（向量自回归模型）估计和Bayesian（贝叶斯）估计对DSGE模型中参数进行估计；其次，为了研究在最低首付比调低背景下，住房偏好冲击对异质性自有住房家庭消费率的影响，本章对借贷型家庭贷款价值比稳态值进行反事实仿真。在改变借贷型家庭贷款价值比稳态值而保持其他参数和变量稳态值不变的条件下，本章比较储蓄型家庭消费率和借贷型家庭消费率对住房偏好冲击的脉冲响应差异；然后，为了分析住房偏好冲击、技术冲击、通货膨胀冲击、利率冲击以及中央银行对借贷型家庭和住房开发企业贷款价值比的冲击等六个冲击对住房价格波动的贡献值，本章研究住房价格波动的方差分解；最后，本章进行模型稳健性检验，以检验模型的稳健性。

第5章为货币政策调控住房市场的规则选择研究。首先，本章以新凯恩斯主义经济理论为基础，构建包括耐心家庭、缺乏耐心家庭、住房开发企业、最终产品厂商、商业银行和中央银行等六个微观经济主体的新凯恩斯DSGE模型研究货币政策调控住房市场的规则选择；然后，由于房价泡沫的度量是研究货币政策调控力度的前提，本章选取房价收入比作为度量我国房价泡沫较为合理的指标，并构建差分整合移动平均自回归ARIMA（autoregressive integrated moving average）模型预测2017—2021年房价泡沫的变动趋势；最后，基于最优货币政策调控住房市场的有效性以及房价泡沫的度量研究结果，本章试图为政府提供随房价泡沫变动的调控力度政策建议，以权衡在防范系统性金融风险和经济硬着陆风险之间的两难选择。

第6章为货币政策对住房市场财富效应的影响研究。本章以宏观经济学理论为基础，阐述双支柱政策的住房价格传导机制；然后，本章以新凯恩斯主义经济理论为基础，构建包括无信贷约束家庭、受信贷约束家庭、住房开发企业、最终产品厂商、商业银行和中央银行六个微观经济主体的新凯恩斯DSGE模型比较研究预期到的和未预期到的货币政策冲击对住房市场财富效应的影响差异；最后，本章通过比较研究受信贷约束家庭贷款价值比稳态值降低前后来研究限贷背景下预期到的货币政策冲击对住房市场财富效应的影响。

第7章为金融市场化对城镇家庭住房财富效应的影响研究。首先，本章研究金融市场化对城镇家庭住房财富效应的影响机制；然后，本章分别以金融市场化程度、金融业的竞争和信贷资金分配市场化作为门槛变量，构建面板门槛模型检验金融市场发展是否会对住房财富效应产生调节作用，并采用替换门槛变量的方法进行稳健性检验；最后，本章加入考虑金融市场因素的经济—距离空间矩阵，采用由 CFPS2010、2012、2014、2016 和 2018 家庭样本数据整合的微观面板数据，构建空间杜宾 SDM（spatial Durbin model）模型研究金融市场化程度对城镇家庭住房财富效应的影响，还研究在金融市场化程度差异下住房财富效应的城镇家庭异质性。

第 8 章为住房市场财富效应的研究总结。本书从多个方面研究住房市场的财富效应。首先，本章基于实证研究整理住房市场财富效应的主要研究结论；然后，本章根据实证研究结果提出如何提高住房市场财富效应的政策建议；最后，本章进一步指出研究不足与展望。

1.3.3　研究方法

在本书的研究分析中，主要利用了四种研究方法，分别是文献研究法、规范分析法、实证分析法和对比分析法。

一是文献研究法。通过搜集整理国内外的相关参考文献及资料，对已有的研究进行有条理的分类和梳理，结合我国住房和消费的现实背景，找到已有文献资料可能存在的不足，发现此前研究成果中可以进一步深入研究之处。

二是规范分析法。收集目前与住房财富效应相关的研究成果，根据对相关参考文献的梳理和总结，形成文章的思路框架以及假设推演，阐述住房财富效应的理论基础和相关传导路径，对住房价格波动影响家庭消费作出详细解释，为后续的研究奠定基础。

三是对比分析法。在实证研究中，将样本家庭按照不同家庭情况进行多次分组并纳入建立的模型,旨在对比不同特征的城镇家庭在住房价格变动时,对消费决策调整的差异,从而得到更为严谨、更有现实价值的研究结果。

四是实证分析法。在规范分析的基础上,构建分位数回归模型、投入产出价格模型、QUAIDS 模型、DSGE 模型、面板门槛模型和空间计量模型对住房市场的财富效应进行实证研究。

第2章 住房价格波动对城镇家庭消费结构的影响研究[①]

本章将消费品分为生存型、享受型和发展型消费品，采用CFPS2014数据，构建分位数回归模型研究住房价格波动对城镇家庭消费结构的影响。首先，本章根据研究问题构建多元线性回归模型和分位数回归模型。其次，本章对模型所采用的变量进行描述性统计。然后，本章构建多元线性回归模型和分位数回归模型研究住房价格波动对城镇家庭消费支出的影响。最后，本章构建多元线性回归模型和分位数回归模型研究住房价格波动对城镇家庭消费结构的影响。

2.1 分位数回归模型的构建

参考陈刘根[82]的研究，本章以住房价格和人口特征变量（家庭纯收入、家庭规模、少子老龄化、户主健康状况和受教育水平）作为解释变量，分

---

① 本章由王勇、吕昕彤撰写，并投稿于《统计与信息论坛》。论文题目为"基于分位数回归模型的住房价格波动对城镇家庭消费结构的影响研究"。

别以城镇家庭消费支出和消费结构（生存型、享受型和发展型消费支出）作为被解释变量，首先构建多元线性回归模型研究住房价格波动对城镇家庭消费支出的影响，然后构建分位数回归模型研究住房价格波动对城镇家庭消费结构的影响。其中，由于工作之前的少儿阶段和退休以后的老年阶段对城镇家庭消费的影响差异不大，本章构建少子老龄化（户内0~14岁和65岁及以上人口占家庭规模的比重）进行研究。多元线性回归模型的回归方程为

$$\ln Y_{ji} = \beta_0 + \beta_1 \ln \text{House}_i + \beta_2 \ln \text{Income}_i + \beta_3 \text{Familysize}_i + \beta_3 \text{Familysize}_i$$
$$+ \beta_4 \text{Population}_i + \beta_5 \text{Health}_i + \beta_6 \text{Edu}_i + \varepsilon_i \qquad (2.1)$$

其中，i为样本容量，j可以取值为1，2，3，4，其中，Y_{1i}、Y_{2i}、Y_{3i}和Y_{4i}分别为城镇家庭消费支出、生存型、享受型和发展型消费支出，其中生存型消费支出为食品、衣着鞋帽和居住支出的加总；享受型消费支出为家庭设备及日用品支出和其他消费性支出的加总；发展型消费支出为医疗保健、文教娱乐和交通通信支出的加总；House_i为商品住宅平均销售价格；Income_i为家庭纯收入；Familysize_i为家庭规模；Population_i为少子老龄化；Health_i为户主健康状况；Edu_i为户主受教育水平；ε_i为随机干扰项。为了降低随机干扰项异方差问题带来的不利影响，本章对被解释变量、住房价格和家庭纯收入分别取自然对数。本章在多元线性回归模型基础上分别选择被解释变量的三个分位点1/10，5/10和9/10进行分位数回归。

2.2 城镇家庭的消费特征分析

参考陈刘根[82]的研究，本章采用CFPS2014年的数据，在家庭问卷中选取所有家庭户的财务回答人、家庭消费支出、家庭纯收入、家庭规模和城乡分类，然后在家庭成员问卷中选取所有成员的出生年份、个人最高学

历和健康状况数据。本章用财务回答人的健康状况代表户主健康状况，用财务回答人的个人最高学历代表户主受教育水平。本章把家庭成员问卷中的出生年份和个人最高学历与家庭问卷中的财务回答人进行匹配，然后根据每个样本家庭的家庭规模计算出少子老龄化。本章选取属于城市的样本家庭。最后删除无效的样本：删除家庭消费支出和家庭纯收入为空值的样本，删除财务回答人健康状况和受教育水平中"空值""0""不知道""不适用"和"拒绝回答"的样本，删除家庭规模为1的样本，删除生存型、享受型和发展型消费支出为0的样本。为了对户主受教育水平进行量化，本章将户主受教育水平分为7类：1代表文盲/半文盲，2代表小学，3代表初中，4代表高中/中专/技校，5代表大专，6代表大学本科，7代表硕士。另外，CFPS2014数据已经对健康状况进行了量化，其中1为很差，7为很好。经过这一系列的数据处理之后，最终得到4944个有效城镇家庭样本。表2.1展示了2014年城镇家庭的消费特征。

表 2.1 变量的描述性统计

变量名（单位）	符号	均值	最小值	最大值	标准差
城镇家庭消费支出对数（元）	$\ln Y_1$	10.69	7.66	13.99	0.80
生存型消费支出对数（元）	$\ln Y_2$	10.14	6.63	13.34	0.80
享受型消费支出对数（元）	$\ln Y_3$	7.92	2.48	13.40	1.45
发展型消费支出对数（元）	$\ln Y_4$	9.19	4.56	13.13	1.08
住房价格（元/m²）	$\ln House_i$	8.72	8.21	9.83	0.48
家庭纯收入（元）	$\ln Income_i$	10.65	2.30	15.22	1.12
家庭规模（人）	$Familysize_i$	3.60	2	17	1.52
少子老龄化（%）	$Population_i$	29.58	0	200	30.41
户主健康状况	$Health_i$	5.85	1	7	1.04
户主受教育水平	Edu_i	3.07	1	7	1.39

从表2.1可以看出，对数化后的城镇家庭消费支出均值为10.69元，最小和最大值分别为7.66元和13.99元，标准差为0.80；对数化后的生存型消费支出的均值为10.14元，最小和最大值分别为6.63元和13.34元，标准差为0.80；对数化后的享受型消费支出的均值为7.92元，最小和最大

值分别为 2.48 元和 13.40 元，标准差为 1.45；对数化后的发展型消费支出的均值为 9.19 元，最小和最大值分别为 4.56 元和 13.13 元，标准差为 1.08。各个解释变量和控制变量同样表现较大差异性，符合变量随机性要求。

2.3 住房价格波动对城镇家庭消费支出的影响研究

参考陈刘根[82]的研究，本章采用 R3.4.1 软件中的 lm( ) 函数估计多元线性回归模型，其中采用逐步回归法 step( ) 函数修正多重共线性问题，再采用 sandwich 包中的 Newey-West( ) 函数进行异方差和自相关稳健性 HAC（Newey-West）估计，修正随机干扰项可能出现的异方差和自相关问题。然后，本章利用 quantreg 包中的 rq( ) 函数估计分位数回归模型，其中采用 Frisch–Newton 方法拟合模型，假设随机干扰项服从独立同分布 iid（independent and identically distributed）计算各个变量回归系数的标准差，回归结果如表 2.2 所示。

表 2.2 以城镇家庭消费支出为被解释变量的回归结果

变量名	符号	OLS	1/10	5/10	9/10
住房价格	$\ln House_i$	0.2596***	0.2432***	0.2269***	0.2225***
		(0.0338)	(0.0341)	(0.0207)	(0.0415)
家庭纯收入	$\ln Income_i$	0.2473***	0.3211***	0.2907***	0.1926***
		(0.0155)	(0.0154)	(0.0093)	(0.0187)
家庭规模	$Familysize_i$	0.0936***	0.0691***	0.0881***	0.1243***
		(0.0083)	(0.0105)	(0.0064)	(0.0127)
少子老龄化	$Population_i$	-0.0008***	—	—	-0.0016***
		(0.0003)			(0.0006)
户主健康状况	$Health_i$	0.0524***	0.0875***	0.0425***	0.0420**
		(0.0130)	(0.0153)	(0.0093)	(0.0186)
户主受教育水平	Edu_i	0.1316***	0.1426***	0.1083***	0.1354***
		(0.0093)	(0.0120)	(0.0073)	(0.0147)
常数项	Cons	4.7747***	3.1785***	4.6998***	6.4412***
		(0.2924)	(0.3080)	(0.1866)	(0.3749)

注：*、**、*** 分别表示在 10%、5%、1% 的水平下显著；括号内的结果为标准误（后同），其中 OLS 列括号内的结果为异方差和自相关稳健标准误。

从表2.2可以看出，住房价格上涨会提高城镇家庭消费支出，这表明住房市场的财富效应显著，符合持久收入假说。随着分位数的增加（1/10→5/10→9/10），住房价格对数的分位数回归系数呈现一直下降的趋势（0.2432→0.2269→0.2225）。这表明住房价格对城镇家庭消费支出条件分布的影响越来越小。由此随着城镇家庭消费支出的增加，住房市场的财富效应越来越小。

对于控制变量，家庭纯收入、家庭规模、户主健康状况和户主受教育水平的提高均会促进城镇家庭消费支出，而少子老龄化的增加会降低城镇家庭消费支出，符合经济学原理。随着分位数的增加（1/10→5/10→9/10），家庭纯收入对数和户主健康状况的分位数回归系数呈现一直下降的趋势。这表明家庭纯收入的提高和户主健康状况的改善对城镇家庭消费支出条件分布的影响越来越小。由此家庭纯收入的提高和户主健康状况的改善会使消费支出越高的城镇家庭消费提高得越少。家庭规模的分位数回归系数呈现一直上升的趋势。这表明家庭规模的增加对城镇家庭消费支出条件分布的影响越来越大。由此家庭规模的增加会使消费支出越高的城镇家庭消费提高得越多。户主受教育水平的分位数回归系数呈现先降后升的趋势。这表明户主受教育水平对城镇家庭消费支出的条件分布的两端之影响大于对其中等部分的影响。由此随着城镇家庭消费支出的增加，户主受教育水平的增加会使城镇家庭消费提高的幅度先下降后上升。少子老龄化的增加会降低高消费支出城镇家庭的消费。

2.4 住房价格波动对城镇家庭消费结构的影响研究

回归系数随着分位点的不同而存在差异。这一结果表明在不同消费水平，住房价格波动产生的财富效应也有所不同，而具体的差异体现在

第 2 章　住房价格波动对城镇家庭消费结构的影响研究

哪一类型的消费，消费结构会如何变化还需进行详细分析。参考陈刘根[82]的研究，为了进一步考察城镇家庭消费结构如何受住房价格波动的影响，本章将消费品分为生存型、享受型和发展型消费品。本章采用CFPS2014数据，构建分位数回归模型研究住房价格波动对城镇家庭消费结构的影响。

2.4.1　住房价格波动对城镇家庭生存型消费支出的影响研究

首先，本章采用CFPS2014数据，以城镇家庭生存型消费支出为被解释变量构建分位数回归模型研究住房价格波动对城镇家庭生存型消费支出的影响，结果如表2.3所示。

表 2.3　以城镇家庭生存型消费支出为被解释变量的回归结果

变量名	符号	OLS	1/10	5/10	9/10
住房价格	$\ln House_i$	0.3125***	0.3386***	0.2859***	0.2789***
		（0.0355）	（0.0366）	（0.0243）	（0.0415）
家庭纯收入	$\ln Income_i$	0.2463***	0.3015***	0.2808***	0.1689***
		（0.0152）	（0.0165）	（0.0109）	（0.0187）
家庭规模	$Familysize_i$	0.0651***	0.0406***	0.0570***	0.0934***
		（0.0078）	（0.0113）	（0.0075）	（0.0127）
少子老龄化	$Population_i$	−0.0006*	—	—	−0.0014**
		（0.0004）	—	—	（0.0006）
户主健康状况	$Health_i$	0.0584***	0.1019***	0.0409***	0.0432**
		（0.0146）	（0.0165）	（0.0109）	（0.0187）
户主受教育水平	Edu_i	0.1165***	0.1713***	0.0884***	0.0931***
		（0.0098）	（0.0129）	（0.0086）	（0.0147）
常数项	$Cons$	3.8827***	1.8941***	3.9647***	5.8420***
		（0.3140）	（0.3309）	（0.2190）	（0.3750）

从表2.3可以看出，住房价格上涨会提高城镇家庭生存型消费支出。随着分位数的增加（1/10 → 5/10 → 9/10），住房价格的分位数回归系数呈现一直下降的趋势（0.3386 → 0.2859 → 0.2789）。这表明住房价格对城镇家庭生存型消费支出条件分布的影响越来越小。由此住房价格上涨会使生存型消费支出越高的城镇家庭消费提高得越少。

对于控制变量，家庭纯收入、家庭规模、户主健康状况和受教育水平的增加均会提高城镇家庭生存型消费支出，而少子老龄化的增加会抑制城镇家庭生存型消费支出。随着分位数的增加（1/10 → 5/10 → 9/10），家庭纯收入的分位数回归系数呈现一直下降的趋势。这表明家庭纯收入的提高对城镇家庭生存型消费支出条件分布的影响越来越小。由此家庭纯收入的提高会使生存型消费支出越高的城镇家庭消费提高得越少。家庭规模的分位数回归系数呈现一直上升的趋势。这表明家庭规模的增加对城镇家庭生存型消费支出条件分布的影响越来越大。由此家庭规模的增加会使生存型消费支出越高的城镇家庭消费提高得越多。户主健康状况和受教育水平的分位数回归系数均呈现先降后升的趋势。这表明户主健康状况和受教育水平对城镇家庭生存型消费支出的条件分布的两端之影响大于对其中等部分的影响。由此随着城镇家庭生存型消费支出的增加，户主健康状况的改善和受教育水平的增加均会使城镇家庭消费提高的幅度先下降后上升。少子老龄化的增加会降低高生存型消费支出城镇家庭的消费。

2.4.2　住房价格波动对城镇家庭享受型消费支出的影响研究

然后，本章采用CFPS2014数据，以城镇家庭享受型消费支出为被解释变量构建分位数回归模型研究住房价格波动对城镇家庭享受型消费支出的影响，结果如表2.4所示。

表2.4　以城镇家庭享受型消费支出为被解释变量的回归结果

变量名	符号	OLS	1/10	5/10	9/10
住房价格	$\ln House_i$	0.3134*** （0.0316）	0.2708*** （0.0517）	0.2980*** （0.0264）	0.1800** （0.0871）
家庭纯收入	$\ln Income_i$	0.3235*** （0.0258）	0.3497*** （0.0233）	0.3405*** （0.0215）	0.2722*** （0.0393）
家庭规模	$Familysize_i$	0.1562*** （0.0160）	0.1280*** （0.0159）	0.1528*** （0.0146）	0.2089*** （0.0268）
少子老龄化	$Population_i$	−0.0031*** （0.0006）	−0.0015* （0.0008）	−0.0035*** （0.0007）	−0.0040*** （0.0013）

第 2 章 住房价格波动对城镇家庭消费结构的影响研究

续表

变量名	符号	OLS	1/10	5/10	9/10
户主健康状况	$Health_i$	0.1063***	0.1475***	0.0925***	—
		(0.0210)	(0.0232)	(0.0208)	—
户主受教育水平	Edu_i	0.2123***	0.1769***	0.2204***	0.2498***
		(0.0161)	(0.0183)	(0.0171)	(0.0304)
常数项	Cons	—	−1.5717***	—	3.5844***
		—	(0.4673)	—	(0.7551)

从表 2.4 可以看出，住房价格上涨会提高城镇家庭享受型消费支出。随着分位数的增加（1/10 → 5/10 → 9/10），住房价格的分位数回归系数呈现先上升后下降的趋势（0.2708 → 0.2980 → 0.1800）。这表明住房价格对城镇家庭享受型消费支出条件分布的两端之影响大于对其中等部分的影响。由此随着城镇家庭享受型消费支出的增加，住房价格上涨会使城镇家庭消费提高的幅度先上升后下降。

对于控制变量，家庭纯收入、家庭规模、户主健康状况和受教育水平的增加均会提高城镇家庭享受型消费支出，而少子老龄化的增加会抑制城镇家庭享受型消费支出。随着分位数的增加（1/10 → 5/10 → 9/10），家庭纯收入和户主健康状况的分位数回归系数均呈现一直下降的趋势。这表明家庭纯收入的提高和户主健康状况的改善均对城镇家庭享受型消费支出条件分布的影响越来越小。由此家庭纯收入的提高和户主健康状况的改善均会使享受型消费支出越高的城镇家庭消费提高得越少。家庭规模、少子老龄化以及户主受教育水平的分位数回归系数均呈现一直上升的趋势。这表明家庭规模、少子老龄化以及户主受教育水平的增加均对城镇家庭享受型消费支出条件分布的影响越来越大。由此家庭规模和户主受教育水平的增加均会使享受型消费支出越高的城镇家庭消费提高得越多，而少子老龄化的增加会使享受型消费支出越高的城镇家庭消费下降得最多。

2.4.3 住房价格波动对城镇家庭发展型消费支出的影响研究

最后，本章采用CFPS2014数据，以城镇家庭发展型消费支出为被解释变量构建分位数回归模型研究住房价格波动对城镇家庭发展型消费支出的影响，结果如表2.5所示。

表2.5 以城镇家庭发展型消费支出为被解释变量的回归结果

变量名	符号	OLS	1/10	5/10	9/10
住房价格	$\ln House_i$	0.1663***	0.1079**	0.1535***	0.2400***
		（0.0449）	（0.0549）	（0.0371）	（0.0435）
家庭纯收入	$\ln Income_i$	0.2157***	0.2888***	0.2501***	0.1560***
		（0.0202）	（0.0248）	（0.0168）	（0.0196）
家庭规模	$Familysize_i$	0.1596***	0.1783***	0.1418***	0.1072***
		（0.0120）	（0.0169）	（0.0114）	（0.0134）
少子老龄化	$Population_i$	—	—	-0.0010*	—
		—	—	（0.0006）	—
户主健康状况	$Health_i$	0.0390**	0.0415*	0.0328**	0.0385**
		（0.0156）	（0.0246）	（0.0167）	（0.0195）
户主受教育水平	Edu_i	0.1800***	0.2479***	0.1610***	0.1150***
		（0.0123）	（0.0194）	（0.0131）	（0.0154）
常数项	Cons	4.0867***	2.2977***	4.0509***	5.6231***
		（0.3771）	（0.4956）	（0.3356）	（0.3929）

从表2.5可以看出，住房价格上涨会提高城镇家庭发展型消费支出。随着分位数的增加（1/10→5/10→9/10），住房价格的分位数回归系数呈现一直上升的趋势（0.1079→0.1535→0.2400）。这表明住房价格对城镇家庭发展型消费支出条件分布的影响越来越大。由此住房价格上涨会使发展型消费支出越高的城镇家庭消费提高得越多。

对于控制变量，家庭纯收入、家庭规模、户主健康状况和受教育水平的增加均会提高城镇家庭发展型消费支出，而少子老龄化的增加对城镇家庭发展型消费支出的影响不显著。随着分位数的增加（1/10→5/10→9/10），家庭纯收入、家庭规模和户主受教育水平的分位数回归系数均呈现下降的趋势。这表明家庭纯收入、家庭规模和户主受教育水平的增加均对城镇家

第 2 章　住房价格波动对城镇家庭消费结构的影响研究

庭发展型消费支出条件分布的影响越来越小。由此家庭纯收入、家庭规模和户主受教育水平的增加均会使发展型消费支出越高的城镇家庭消费提高得越少。户主健康状况的分位数回归系数呈现先降后升的趋势。这表明户主健康状况对城镇家庭发展型消费支出的条件分布的两端之影响大于对其中等部分的影响。由此随着城镇家庭发展型消费支出的增加，住房价格上涨会使城镇家庭消费提高的幅度先下降后上升。少子老龄化的增加会降低中等发展型消费支出城镇家庭的消费。

综上所述，多元线性回归结果表明住房价格上涨会同时提高城镇家庭生存型、享受型和发展型消费支出，其中对享受型消费支出的提高幅度最大。分位数回归结果表明随着城镇家庭消费支出的增加，住房市场的财富效应越来越小。住房价格上涨会使生存型消费支出越高的城镇家庭消费提高得越少，而使发展型消费支出越高的城镇家庭消费提高得越多。随着城镇家庭享受型消费支出的增加，住房价格上涨会使城镇家庭消费提高的幅度先上升后下降。

对于控制变量，家庭纯收入、家庭规模、户主健康状况和户主受教育水平的增加均会提高城镇家庭生存型、享受型和发展型消费支出，而少子老龄化的增加会抑制城镇家庭的生存型和享受型消费支出。其中，家庭纯收入的提高会使低支出城镇家庭生存型、享受型和发展型消费支出提高得最多。家庭规模的增加会使高支出城镇家庭生存型和享受型消费支出提高得最多，而使低支出城镇家庭发展型消费支出提高得最多。户主健康状况的改善会使低支出城镇家庭生存型、享受型和发展型消费支出提高得最多。少子老龄化的增加会使高支出城镇家庭生存型和享受型消费支出下降得最多，而使中等支出城镇家庭发展型消费支出下降得最多。户主受教育水平的增加会使低支出城镇家庭生存型和发展型消费支出提高得最多，而使高支出城镇家庭享受型消费支出提高得最多。

2.5 本章小结

本章采用CFPS2014数据，首先构建多元线性回归模型研究住房价格波动对城镇家庭消费支出的影响，然后构建分位数回归模型研究住房价格波动对城镇家庭消费结构的影响。研究结果表明：

（1）住房价格上涨会同时提高城镇家庭生存型、享受型和发展型消费支出，其中对享受型消费支出的提高幅度最大。因此，住房价格上涨会促进城镇家庭消费，且有利于消费结构升级。适度的房价上涨有利于优化城镇家庭消费结构升级，而过度的房价上涨容易引发系统性金融风险。

（2）随着城镇家庭消费支出的增加，住房市场的财富效应越来越小。政府应该鼓励家庭通过降低消费支出购买住房，以满足刚性需求和改善性需求。同时，政府应该发展住房抵押贷款证券化市场。住房抵押贷款证券化能吸引城镇家庭扩大住房消费，并通过住房衍生消费形成新的消费热点，最终拉动国内消费需求。

（3）住房价格上涨会使生存型消费支出越高的城镇家庭消费提高得越少，而使发展型消费支出越高的城镇家庭消费提高得越多。随着城镇家庭享受型消费支出的增加，住房价格上涨会使城镇家庭消费提高的幅度先上升后下降。政府应该实施对发展型消费品对应的行业进行价格补贴等政策，鼓励城镇家庭多消费发展型消费品，从而提高城镇家庭生活质量。

第 3 章　住房套数对城镇家庭消费结构的影响研究[①]

本章根据拥有住房套数，将城镇家庭划分为城镇无房家庭、城镇刚需家庭和城镇投资家庭。首先，本章通过重新编制 2012 年地区投入产出表，构建投入产出价格模型得到 QUAIDS 模型中的消费品价格数据。然后，本章采用 CFPS2014 数据，在 QUAIDS 模型中加入反映家庭拥有住房套数的人口特征变量，研究住房套数对城镇家庭消费结构的影响。最后，本章还利用补偿变动方法研究住房套数对城镇家庭福利的影响。

3.1　城镇家庭的消费特征分析

作为国内首个全局性、大规模、设计科学的家庭追踪调查项目，在 2016 年 6 月公开的第三轮全国调查 CFPS2014 数据中的样本家庭所在地区

[①] 本章已发表在北大核心期刊《技术经济与管理研究》2019 年第 4 期，第 28-32 页。以独立作者身份发表的论文题目为"住房套数对城镇家庭消费结构的影响研究"。

覆盖29个省（自治区和直辖市）①。CFPS2014数据中的家庭问卷数据库共有13946户家庭样本。由于海南省只有3个样本家庭、内蒙古自治区只有6个样本家庭、宁夏回族自治区只有2个以及新疆维吾尔自治区只有5个样本家庭，本研究删除海南省、内蒙古自治区、宁夏回族自治区以及新疆维吾尔自治区4个省（自治区和直辖市）的样本家庭，最后剩余25个省（自治区和直辖市）的样本家庭。本章根据家庭面访问卷中"FQ2您家现在住的房子归谁所有？""FR1除了您家现在的住房以外，您或其他家庭成员是否拥有其他房产？"以及"FR101除了您家现在的住房以外，您或其他家庭成员还有几处其他的房产？"等问卷信息，将家庭分为无房家庭、刚需家庭和投资家庭。其中，无房家庭包括住在公房、公租房、廉租房、亲戚或者朋友的住房以及市场租的商品房的家庭，且没有其他住房；刚需家庭包括住在家庭成员拥有住房的家庭，且没有其他住房以及住在公房、公租房、廉租房、亲戚或者朋友的住房以及市场租的商品房的家庭，且只有一套其他住房；投资家庭包括住在家庭成员拥有住房的家庭，且至少还有一套其他住房以及住在公房、公租房、廉租房、亲戚或者朋友的住房以及市场租的商品房的家庭，且至少还有两套其他住房。根据研究的需要，我们用0对缺失的消费支出进行填充，然后删除至少四大类消费品支出同时为0以及全部家庭纯收入为空值的样本。由于农村住房宅基地为村集体所有，不能像城镇住房那样可以随意买卖，本章的研究对象为属于城市的5695户有效样本城镇家庭。根据处理得到的5695户有效样本城镇家庭数据，本章得到2014年城镇无房、刚需和投资家庭的消费特征，如表3.1所示。

---

① 不包含西藏自治区、青海省以及港澳台地区。

表 3.1　2014 年城镇无房、刚需和投资家庭的消费特征

指标	全部	无房	刚需	投资
城镇家庭数（户）	5695	825	4012	858
纯收入（元）	71365.83	66759.93	62376.97	117826.36
消费支出（元）	58145.66	49554.98	53654.17	87408.14
食品（%）	43.27	46.51	43.54	38.88
衣着鞋帽（%）	5.49	5.52	5.42	5.76
家庭设备及日用品（%）	8.98	7.74	8.79	11.05
医疗保健（%）	9.48	7.49	10.10	8.51
居住（%）	13.55	15.54	13.03	14.04
文教娱乐（%）	8.77	7.19	8.80	10.13
交通通信（%）	8.95	8.36	8.91	9.70
其他消费品（%）	1.52	1.67	1.41	1.92
生存型消费品（%）	62	68	62	59
享受型消费品（%）	11	9	10	13
发展型消费品（%）	27	23	28	28

从表 3.1 可以看出，本章的研究对象为 5695 户有效城镇家庭样本，其中 825 户城镇无房家庭，4012 户城镇刚需家庭，858 户城镇投资家庭。对于纯收入和消费支出，与全部城镇家庭平均水平相比，城镇无房和刚需家庭纯收入和消费支出均更小，而城镇投资家庭纯收入和消费支出均更大。对于消费结构，全部城镇家庭对生存型、享受型与发展型消费品支出份额为 62∶11∶27。其中，城镇无房家庭对生存型、享受型与发展型消费品支出份额为 68∶9∶23；城镇刚需家庭对生存型、享受型与发展型消费品支出份额为 62∶10∶28；而城镇投资家庭对生存型、享受型与发展型消费品支出份额为 59∶13∶28。因此，城镇无房家庭的消费结构升级最迫切。

3.2　基于投入产出价格模型的消费品价格计算

住房价格上涨会通过影响医疗保健和文教娱乐等消费品价格对城镇无房、刚需和投资家庭消费结构产生影响。由于投入产出价格模型可以用来

研究部门之间的价格传导，参考梁亚民和韩君[83]的研究，本章根据成本结构方法推导出投入产出价格模型，研究住房价格上涨10%对八种类型和三种层次消费品价格的影响。

3.2.1 投入产出价格模型

本章所研究的住房产业不是标准产业分类中的部门，既包括第二产业的项目，又包括第三产业的项目。本章重新编制25个省（自治区和直辖市）2012年42个部门地区投入产出表，得到包括住房产业部门的地区投入产出表。参考王勇[84]的研究，本章构建的投入产出价格模型为

$$\begin{cases} \Delta \bar{y}^{(1)} = H_{11}^{-1} \Delta p^{(1)} = (\bar{B}_{11}^{-1})' \Delta p^{(1)} \\ \Delta p^{(2)} = H_{21} H_{11}^{-1} \Delta p^{(1)} = \bar{B}_{12}' (\bar{B}_{11}^{-1})' \Delta p^{(1)} \end{cases} \quad (3.1)$$

其中，$p^{(1)}$为住房价格；$p^{(2)}$为消费品价格；$\bar{y}^{(1)}$为住房增加值结构系数；$\bar{B}$为完全需要系数。本章利用重新编制的地区投入产出表，通过估计投入产出价格模型得到住房价格上涨10%对不同地区八种类型和三种层次消费品价格的影响，结果如表3.2所示。其中，不同地区生存型消费品价格变动幅度为食品、衣着鞋帽与居住三种类型消费品价格变动幅度的算术平均，享受型消费品价格变动幅度为家庭设备及日用品与其他消费品两种类型消费品价格变动幅度的算术平均，而发展型消费品价格变动幅度为医疗保健、文教娱乐与交通通信三种类型消费品价格变动幅度的算术平均。数据处理和分析软件为 Matlab R2016b。

表 3.2　不同地区八种类型和三种层次消费品价格变动幅度

单位：%

地区	食品	衣着鞋帽	家庭设备及日用品	医疗保健	居住	文教娱乐	交通通信	其他消费品	生存型消费品	享受型消费品	发展型消费品
北京	0.33	0.34	0.46	0.35	0.43	0.53	0.36	0.64	0.36	0.55	0.41
天津	0.11	0.13	0.14	0.16	0.13	0.53	0.21	0.31	0.12	0.22	0.30
河北	0.05	0.10	0.09	0.09	0.12	0.22	0.13	0.29	0.09	0.19	0.15
辽宁	0.15	0.20	0.29	0.27	0.33	0.32	0.33	0.44	0.23	0.37	0.31
上海	0.28	0.42	0.50	0.53	0.85	0.92	0.59	0.78	0.52	0.64	0.68
江苏	0.07	0.18	0.11	0.11	0.14	0.19	0.12	0.33	0.13	0.22	0.14
浙江	0.08	0.14	0.14	0.13	0.19	0.19	0.13	0.29	0.13	0.22	0.15
福建	0.14	0.14	0.19	0.21	0.23	0.18	0.34	0.33	0.17	0.26	0.24
山东	0.08	0.13	0.16	0.14	0.23	0.25	0.15	0.25	0.15	0.21	0.18
广东	0.11	0.23	0.22	0.22	0.30	0.28	0.23	0.54	0.21	0.38	0.24
吉林	0.08	0.13	0.14	0.18	0.17	0.47	0.14	0.23	0.13	0.19	0.27
黑龙江	0.16	0.24	0.25	0.28	0.28	0.38	0.35	0.54	0.22	0.40	0.34
江西	0.05	0.08	0.09	0.09	0.17	0.16	0.13	0.22	0.10	0.16	0.13
安徽	0.13	0.22	0.19	0.22	0.25	0.29	0.23	0.51	0.20	0.35	0.25
山西	0.08	0.10	0.12	0.13	0.15	0.22	0.23	0.35	0.11	0.24	0.19
河南	0.08	0.09	0.15	0.14	0.20	0.30	0.20	0.31	0.12	0.23	0.21
湖北	0.10	0.21	0.20	0.21	0.37	0.33	0.24	0.35	0.23	0.27	0.26
湖南	0.05	0.08	0.09	0.09	0.14	0.15	0.09	0.22	0.09	0.15	0.11
四川	0.06	0.08	0.12	0.12	0.15	0.23	0.16	0.27	0.10	0.19	0.17
贵州	0.07	0.13	0.23	0.21	0.25	0.24	0.26	0.25	0.15	0.24	0.24
云南	0.08	0.19	0.26	0.27	0.61	0.29	0.30	0.33	0.29	0.30	0.28
陕西	0.08	0.19	0.26	0.27	0.61	0.29	0.30	0.33	0.29	0.30	0.28
甘肃	0.08	0.16	0.16	0.18	0.16	0.24	0.19	0.44	0.13	0.30	0.20
重庆	0.06	0.12	0.13	0.12	0.14	0.19	0.15	0.43	0.11	0.28	0.15
广西	0.04	0.07	0.08	0.10	0.08	0.13	0.13	0.30	0.06	0.19	0.12

从表 3.2 可以看出，住房价格上涨 10% 使上海市的三种层次消费品价格上涨幅度最大，其中生存型消费品价格上涨 0.52%，享受型消费品价格上涨 0.64%，而发展型消费品价格上涨 0.68%。而住房价格上涨 10% 使广西壮族自治区的生存型消费品价格上涨幅度最小，仅为 0.06%，使湖南省的享受型和发展型消费品价格上涨幅度最小，分别为 0.15% 和 0.11%。

3.2.2 消费品价格变动

为了研究住房价格上涨对拥有不同套数住房城镇家庭消费品价格的影响，本章通过算术平均，把不同地区八种类型和三种层次消费品价格变动幅度转化为城镇无房、刚需和投资家庭对八种类型和三种层次消费品价格的变动幅度，结果如表 3.3 所示。

表 3.3　城镇无房、刚需和投资家庭对八种类型和三种层次消费品价格的变动幅度

单位：%

家庭	食品	衣着	家庭设备及日用品	医疗保健	居住	文教娱乐	交通通信	其他消费品	生存型消费品	享受型消费品	发展型消费品
无房	0.14	0.22	0.26	0.25	0.36	0.39	0.29	0.46	0.24	0.36	0.31
刚需	0.12	0.19	0.22	0.22	0.31	0.35	0.26	0.42	0.20	0.32	0.28
投资	0.13	0.20	0.24	0.24	0.34	0.39	0.28	0.44	0.22	0.34	0.30

从表 3.3 可以看出，住房价格上涨 10% 使城镇无房、刚需和投资家庭的三种层次消费品价格均上涨。且与发展型消费品相比，享受型消费品价格受住房价格上涨的影响更大，而生存型消费品价格受住房价格上涨的影响更小。这很可能是因为住房价格上涨会带动所有消费品价格上涨。与发展型消费品相比，享受型消费品与住房市场联系更紧密，而生存型消费品联系不大。再者，与城镇投资家庭相比，城镇无房家庭的三种层次消费品价格受住房价格上涨的影响均更大，而城镇刚需家庭的三种层次消费品价格受住房价格上涨的影响均更小。其中，住房价格上涨 10% 使城镇无房家庭的生存型、享受型和发展型消费品价格上涨幅度分别为 0.24%、0.36% 和 0.31%。这很可能是因为城镇无房家庭没有还房贷压力，对消费品价格不敏感。

3.3 住房套数对城镇家庭消费结构的影响

3.3.1 QUAIDS 模型

为了研究住房套数对城镇家庭消费结构的影响，本章加入反映城镇家庭拥有住房套数的虚拟变量 Z_k（$k=1,2,3$）到 QUAIDS 模型中。当城镇家庭拥有的住房套数分别为 0，1 或者不小于 2 时，$Z_1=1$，或者 $Z_2=1$，或者 $Z_3=1$，否则为 0。参考赵昕东和汪勇[30]的研究，QUAIDS 模型为

$$w_i = \alpha_i + \sum_{j=1}^{8} \gamma_{ij} \ln p_j + (\beta_i + \boldsymbol{\eta}_i' z) \ln \left[\frac{m}{\overline{m}_0(z) a(\boldsymbol{p})} \right] + \frac{\lambda_i}{b(\boldsymbol{p})c(\boldsymbol{p},z)} \left\{ \ln \left[\frac{m}{\overline{m}_0(z) a(\boldsymbol{p})} \right] \right\}^2 + \mu_i \quad (3.2)$$

其中，w_i 为消费品 i 支出份额，消费品种类 $i=1,\cdots,8$，消费品种类 $j=1,\cdots,8$；α_i、β_i、γ_{ij} 和 λ_i 均为待估参数；$\boldsymbol{p}$ 为消费品价格向量，为表 3.2 中的结果；人口特征变量 z 反映城镇家庭拥有住房套数的差异，维度为 3，相应地 $\boldsymbol{\eta}_{1i}$ 为 3×8 矩阵 $\boldsymbol{\eta}$ 的第 1 列；m 为城镇家庭消费支出；$\overline{m}_0(z)=1+\boldsymbol{\rho}'z$，$\boldsymbol{\rho}$ 为待估参数向量；$a(\boldsymbol{p})$ 为综合价格指数；$b(\boldsymbol{p})$ 为柯布道格拉斯价格集合指数；$c(\boldsymbol{p},z)=\prod_{j=1}^{8} p_j^{\eta_{jz}}$；$\mu_i$ 为随机干扰项。

本章 w_i 分别对 $\ln m$ 和 $\ln p_j$ 求偏导，得到

$$\mu_i = \frac{\partial w_i}{\partial \ln m} = \beta_i + \boldsymbol{\eta}_i' z + \frac{2\lambda_i}{b(\boldsymbol{p})c(\boldsymbol{p},z)} \ln \left[\frac{m}{\overline{m}_0(z) a(\boldsymbol{p})} \right] \quad (3.3)$$

$$\mu_{ij} = \frac{\partial w_i}{\partial \ln p_j} = \gamma_{ij} - w_i(e_i-1)\left(a_j + \sum_{j=1}^{8} \gamma_{ij} \ln p_j\right)$$
$$- \frac{(\beta_i + \boldsymbol{\eta}_i' z)\lambda_i}{b(\boldsymbol{p})c(\boldsymbol{p},z)}\left\{\ln\left[\frac{m}{\overline{m}_0(z)a(\boldsymbol{p})}\right]\right\}^2 \quad (3.4)$$

根据式（3.3）推导出需求支出弹性为

$$e_i = 1 + \frac{\mu_i}{w_i} \quad (3.5)$$

根据式（3.4）推导出马歇尔价格弹性为

$$e_{ij}^{\mu} = \frac{\mu_{ij}}{w_i} - \delta_{ij} \qquad (3.6)$$

其中，当时 $i=j$，$\delta_{ij}=1$，e_{ij}^{u} 为马歇尔自价格弹性；而当 $i \neq j$ 时，$\delta_{ij}=0$，e_{ij}^{u} 为马歇尔交叉价格弹性。

根据斯勒茨基方程推导出希克斯价格弹性为

$$e_{ij}^{c} = \frac{\mu_{ij}}{w_i} - \delta_{ij} + e_i w_j \qquad (3.7)$$

3.3.2 参数估计

本章运用 Poi[85] 建议的 INSUR 方法用于参数的估计，结果如表 3.4 所示。

表 3.4 参数估计结果

参数	系数	z 值	参数	系数	z 值	参数	系数	z 值
α_1	−0.326***	−3.750	γ_{42}	−0.019**	−2.480	λ_1	−0.021***	−19.630
α_2	−0.024	−0.870	γ_{52}	0.005	0.750	λ_2	−0.002***	−3.630
α_3	0.814***	12.760	γ_{62}	−0.007	−1.400	λ_3	0.017***	16.580
α_4	0.169**	2.270	γ_{72}	0.010**	2.210	λ_4	0.001	1.070
α_5	0.937***	14.260	γ_{82}	−0.002	−0.770	λ_5	0.015***	15.360
α_6	−0.491***	−8.120	γ_{33}	−0.173***	−5.590	λ_6	−0.007***	−6.890
α_7	−0.077**	−2.010	γ_{43}	−0.031	−1.430	λ_7	−0.003***	−4.710
α_8	−0.002	−0.130	γ_{53}	−0.143***	−8.400	λ_8	0.000	−0.490
β_1	0.256***	13.030	γ_{63}	0.111***	6.400	η_{11}	0.006***	2.970
β_2	0.024***	3.430	γ_{73}	0.036***	3.070	η_{12}	0.000	−1.180
β_3	−0.221***	−14.030	γ_{83}	−0.017***	−2.970	η_{13}	−0.002	−1.600
β_4	−0.022	−1.180	γ_{44}	−0.032	−1.470	η_{14}	−0.001	−1.310
β_5	−0.219***	−13.850	γ_{54}	0.003	0.180	η_{15}	0.003**	2.440
β_6	0.133***	8.520	γ_{64}	0.015	1.220	η_{16}	−0.003***	−3.240
β_7	0.044***	4.480	γ_{74}	0.019*	1.850	η_{17}	−0.002***	−3.920
β_8	0.006	1.240	γ_{84}	0.010*	1.950	η_{18}	0.000	−1.100
γ_{11}	−0.235***	−6.580	γ_{55}	−0.189***	−7.370	η_{21}	0.003*	1.800
γ_{21}	−0.015**	−1.980	γ_{65}	0.093***	5.660	η_{22}	−0.001**	−2.360
γ_{31}	0.196***	8.340	γ_{75}	0.026***	2.680	η_{23}	−0.001	−0.760
γ_{41}	0.036*	1.770	γ_{85}	0.010**	2.310	η_{24}	0.002***	3.030
γ_{51}	0.194***	8.900	γ_{66}	−0.067***	−3.970	η_{25}	−0.001	−1.230
γ_{61}	−0.121***	−7.920	γ_{76}	−0.019***	−2.850	η_{26}	−0.001	−1.210

续表

参数	系数	z 值	参数	系数	z 值	参数	系数	z 值
γ_{71}	−0.065***	−6.370	γ_{86}	−0.005	−1.550	η_{27}	−0.001***	−3.400
γ_{81}	0.011**	2.250	γ_{77}	−0.005	−0.610	η_{28}	−0.001***	−3.200
γ_{22}	0.004	0.940	γ_{87}	−0.002	−0.560	ρ_1	−0.128	−1.320
γ_{32}	0.022**	2.550	γ_{88}	−0.005*	−1.810	ρ_2	−0.062	−0.810

注：表中结果假设住房价格上涨 10%；***、** 和 * 分别为在 1%、5% 和 10% 的水平上显著。

从表 3.4 可以看出，78 个回归参数中只有 52 个（66.67%）参数估计值在 10% 的水平上显著。然后，在消费支出二次项系数全为 0 的原假设下，Wald（分位数回归斜率相等性）检验中 $\chi^2(7)$ 值对应的显著性水平小于 1%，拒绝原假设，由此本章所构建的 QUAIDS 模型是合理的。最后，在城镇无房家庭虚拟变量系数 $\eta_{1i}(i=1,\cdots,8)=0$ 的原假设下，$\chi^2(8)$ 值对应的显著性水平小于 1%，拒绝原假设。在城镇刚需家庭虚拟变量系数 $\eta_{2i}(i=1,\cdots,8)=0$ 的原假设下，$\chi^2(8)$ 值对应的显著性水平小于 1%，拒绝原假设。因此，城镇无房、刚需和投资家庭消费需求变动存在显著差异。

3.3.3 消费需求变动

本章分别加总消费品价格上涨幅度和马歇尔自价格弹性 $e_{ij}^u(i=j)$ 乘积与消费品 i 价格上涨幅度和马歇尔交叉价格弹性 $e_{ij}^u(i\neq j)$ 乘积，得到当住房价格上涨 10% 时，城镇无房、刚需和投资家庭对八种类型和三种层次消费品的消费需求变动为

$$\Delta\ln Q_i = \sum_{i=1}^{8}\sum_{j=1}^{8} e_{ij}^u \Delta\ln p_i \tag{3.8}$$

根据上式，本章得到住房价格上涨 10% 时，城镇无房、刚需和投资家庭对八种类型和三种层次消费品的消费需求变动幅度，结果如表 3.5 所示。

表 3.5　城镇无房、刚需和投资家庭对八种类型和三种层次消费品的
消费需求变动幅度

单位：%

家庭	食品	衣着	家庭设备用品及服务	医疗保健	居住	文教娱乐	交通通信	其他消费品	生存型消费品	享受型消费品	发展型消费品
无房	-0.11	-0.24	-0.35	-0.18	-0.39	-0.46	-0.26	-0.64	-0.25	-0.50	-0.30
刚需	-0.09	-0.20	-0.30	-0.18	-0.34	-0.40	-0.24	-0.61	-0.21	-0.46	-0.28
投资	-0.08	-0.22	-0.32	-0.18	-0.39	-0.44	-0.25	-0.59	-0.23	-0.45	-0.29

从表 3.5 可以看出，住房价格上涨 10% 使城镇无房、刚需和投资家庭均会减少对三种层次消费品的消费需求，且下降幅度从大到小排序为：享受型消费品、发展型消费品、生存型消费品。因此，住房价格上涨不利于城镇家庭消费结构升级。这很可能是因为住房价格上涨使城镇无房、刚需和投资家庭的三种层次消费品价格均上涨。且与发展型消费品相比，享受型消费品价格受住房价格上涨的影响更大，而生存型消费品价格受住房价格上涨的影响更小。

与城镇无房家庭相比，城镇刚需和投资家庭对三种层次消费品的消费需求下降幅度均更小。因此，住房价格上涨对城镇无房家庭的消费结构升级最不利。其中，住房价格上涨 10% 使城镇无房家庭分别减少 0.50% 的享受型消费品需求、0.30% 的发展型消费品需求、0.25% 的生存型消费品需求。这很可能是因为住房价格上涨会通过提高八种类型和三种层次消费品价格显著抑制城镇无房、刚需和投资家庭对八种类型和三种层次消费品的消费需求。且与城镇投资家庭相比，城镇无房家庭的三种层次消费品价格受住房价格上涨的影响均更大，而城镇刚需家庭的三种层次消费品价格受住房价格上涨的影响均更小。

3.4 住房套数对城镇家庭福利的影响

进一步地，本章利用补偿变动方法研究住房套数对城镇家庭福利的影响。补偿变动为

$$CV = E(p^1, u^0) - E(p^1, u^1) = E\left[p^1, V(p^0, m)\right] - m \quad (3.9)$$

对支出函数 $E(p, u)$ 进行二阶 Taylor（泰勒）展开得到补偿变动为

$$\Delta \ln E = \sum_{i=1}^{8} w_i \Delta \ln p_i + \frac{1}{2} \sum_{i=1}^{8} \sum_{j=1}^{8} w_i e_{ij}^c \Delta \ln p_i \Delta \ln p_j \quad (3.10)$$

根据上式，本章得到住房价格上涨 10% 时，城镇无房、刚需和投资家庭的福利变动情况，结果如表 3.6 所示。

表 3.6 城镇无房、刚需和投资家庭福利变动情况

单位：%

城镇无房家庭	10%	城镇刚需家庭	10%	城镇投资家庭	10%
补偿变动	0.2263	补偿变动	0.1990	补偿变动	0.2255
直接福利损失	0.2313	直接福利损失	0.2030	直接福利损失	0.2303
间接福利损失	−0.0050	间接福利损失	−0.0040	间接福利损失	−0.0048

从表 3.6 可以看出，住房价格上涨 10% 使城镇无房、刚需和投资家庭直接福利损失和补偿变动均上涨，间接福利损失均下降，从而恶化城镇家庭福利。这很可能是因为住房价格上涨使城镇无房、刚需和投资家庭的三种层次消费品价格均上涨，而消费品价格上涨会通过降低消费需求恶化城镇家庭福利。

与城镇投资家庭相比，城镇无房家庭补偿变动、直接和间接福利损失受住房价格上涨的影响均更大，而城镇刚需家庭补偿变动、直接和间接福利损失受住房价格上涨的影响均更小。因此，与城镇投资家庭相比，住房价格上涨更有利于城镇刚需家庭福利，而更不利于城镇无房家庭福利。这很可能是因为与城镇投资家庭相比，城镇无房家庭的三种层次消费品价格

受住房价格上涨的影响均更大,而城镇刚需家庭的三种层次消费品价格受住房价格上涨的影响均更小。

3.5 本章小结

本章根据拥有住房套数,将城镇家庭分为城镇无房家庭、城镇刚需家庭和城镇投资家庭。本章构建投入产出价格模型得到城镇无房、刚需和投资家庭对八种类型和三种层次消费品价格的变动幅度。投入产出价格模型结果表明:与城镇投资家庭相比,城镇无房家庭的三种层次消费品价格受住房价格上涨的影响均更大,而城镇刚需家庭的三种层次消费品价格受住房价格上涨的影响均更小。其中,住房价格上涨10%使城镇无房家庭的生存型、享受型和发展型消费品价格上涨幅度分别为0.24%、0.36%和0.31%。

然后,本章采用CFPS2014数据,在QUAIDS模型中加入反映家庭拥有住房套数的人口特征变量,研究住房套数对城镇家庭消费结构的影响。QUAIDS模型结果表明:住房价格上涨不利于城镇家庭消费结构升级,且对城镇无房家庭的消费结构升级最不利。其中,住房价格上涨10%使城镇无房家庭分别减少0.50%的享受型消费品需求、0.30%的发展型消费品需求、0.25%的生存型消费品需求。

最后,本章利用补偿变动方法研究住房套数对城镇家庭福利的影响。福利分析结果表明:住房价格上涨会恶化城镇家庭福利,且与城镇投资家庭相比,住房价格上涨更有利于城镇刚需家庭福利,而更不利于城镇无房家庭福利。

以上研究结果表明为了优化消费结构和提高福利,政府应该首先关注城镇无房家庭。

第4章　住房价格波动对异质性自有住房家庭消费率的影响研究[①]

本章构建包括储蓄型家庭、借贷型家庭、住房开发企业、最终产品厂商、商业银行和中央银行六个微观经济主体的DSGE模型。由于DSGE模型中储蓄型家庭和借贷型家庭终生效用函数由CES效用函数表示，本章直接对水平形式的包括储蓄型家庭消费率和借贷型家庭消费率变量的非线性随机差分方程组进行估计，通过对数线性化非线性随机差分方程组进行研究是未来的研究方向之一。本章采用直接经验校准、VAR模型估计和Bayesian估计对DSGE模型中参数进行估计；其次，为了研究在最低首付比调低背景下，住房偏好冲击对异质性自有住房家庭消费率的影响，本章对借贷型家庭贷款价值比稳态值进行反事实仿真。在改变借贷型家庭贷款价值比稳态值而保持其他参数和变量稳态值不变的条件下，本章比较储蓄型家庭消费率和借贷型家庭消费率对住房偏好冲击的脉冲响应差异；然后，为了分

[①] 本章是博士学位论文的章节之一，已发表在国内权威B级期刊《经济评论》2016年第4期，第102-117页。赵昕东教授（博士生导师）第一作者、王勇第二作者发表的论文题目为"住房价格波动对异质性自有住房家庭消费率的影响研究"。

析住房偏好冲击、技术冲击、通货膨胀冲击、利率冲击以及中央银行对借贷型家庭和住房开发企业贷款价值比的冲击六个冲击对住房价格波动的贡献值,本章研究住房价格波动的方差分解;最后,本章进行模型稳健性检验,以检验模型的稳健性。

4.1 DSGE 模型

本章构建包括储蓄型家庭、借贷型家庭、住房开发企业、最终产品厂商、商业银行和中央银行六个微观经济主体的 DSGE 模型,模型的基本框架如图 4.1 所示。

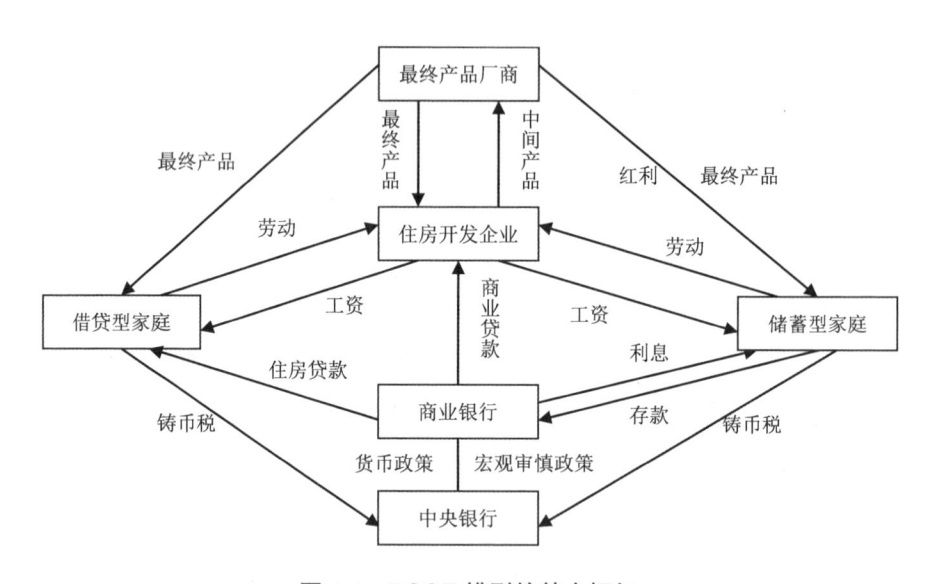

图 4.1 DSGE 模型的基本框架

参考 Flavin 和 Yamashita[86] 以及 Betermier[87] 的研究,住房商品和投资在数量上均可以分割,即储蓄型家庭和借贷型家庭在满足自身居住之外还会购买多套住房作为投资品,且借贷型家庭抵押住房通过商业银行个人住房贷款购买多套住房。住房被看作与消费无差异的商品,储蓄型家庭和借贷型家庭可以通过分别最优化消费和住房投资来最大化效用。与储蓄型家庭相比，借贷型家庭的主观贴现率更低。住房开发企业投入住房和其他资本，并雇佣储蓄型家庭和借贷型家庭劳动生产中间产品，在这一过程中，需要用住房进行借贷。本章假设住房开发企业每期的资金投入不足，住房开发企业抵押住房，通过商业贷款来满足当期消费和下期投资需求。涉及的成本为物质资本和住房投入成本，储蓄型家庭和借贷型家庭工资以及贷款利息。除去成本后，余下部分满足当期消费需求和下期投资需求。储蓄型家庭和借贷型家庭提供劳动给住房开发企业并获得工资用于消费。住房进入住房开发企业生产函数，形成生产能力，而住房进入储蓄型家庭和借贷型家庭效用函数，转化为效用。最终产品厂商为名义价格黏性的来源，向完全竞争住房开发企业购买中间产品，进行加成定价使中间产品变为最终产品后出售给住房开发企业、储蓄型家庭和借贷型家庭。其中，最终产品价格随时间逐渐调整，表现为其加成定价比例也随时间逐渐调整。中央银行执行货币政策和宏观审慎政策，以稳定经济系统和金融系统。本章引入住房偏好冲击、技术冲击、通货膨胀冲击和利率冲击以及中央银行对借贷型家庭和住房开发企业贷款价值比的冲击六个冲击。

4.1.1 储蓄型家庭

由于住房和消费之间既存在替代关系，又存在互补关系，储蓄型家庭和借贷型家庭终生效用函数由 CES 效用函数表示。其中，储蓄型家庭决策问题为

$$\max_{\{B_{1,t},C_{1,t},H_{1,t},N_{1,t},M_{1,t}\}_{t=0}^{\infty}} E_0 \sum_{t=0}^{\infty} \beta_1^t \left\{ \frac{1}{1-\varsigma}\left[\left(C_{1,t}^{\frac{\varepsilon-1}{\varepsilon}}+j_t H_{1,t}^{\frac{\varepsilon-1}{\varepsilon}}\right)^{\frac{\varepsilon}{\varepsilon-1}}\right]^{1-\varsigma} - \frac{N_{1,t}^{1+\eta}}{1+\eta} + \chi \frac{m_{1,t}^{1-\gamma}}{1-\gamma} \right\}$$

其中，E_0 是基于初始可得信息的条件期望；β_1 为主观贴现率；$C_{1,t}$ 为消费；$H_{1,t}$ 为住房需求；$N_{1,t}$ 为劳动供给；$m_{1,t}$ 为实际货币资产；ς 为自有住

房家庭消费风险厌恶系数；j_t 为住房偏好比重；ε 为住房和消费替代弹性。与传统的效用函数相比，CES 效用函数更具有一般性质。当 ε 趋于 0 时，CES 效用函数转变为完全互补效用函数；当 ε 趋于 1 时，CES 效用函数转变为 Cobb-Douglas（柯布—道格拉斯）效用函数，国内研究学者大多采用 Cobb-Douglas 效用函数，比如赵胜民和罗琦[43]、梁璐璐等[88]、陈名银和林勇[89]以及郑忠华和张瑜[90]；当 $\varepsilon=1/\varsigma$ 时，家庭对消费和住房偏好可分；当 ε 趋向无穷大时，CES 效用函数转变为完全替代效用函数。另外，齐次性和不变替代弹性使 CES 效用函数不需要很多假设条件。η 为劳动供给弹性；χ 为货币需求系数；$-1/\gamma$ 为货币需求利率弹性。住房偏好冲击指住房作为一种商品，自有住房家庭突然增加购买住房的热情。本章比较住房偏好冲击对储蓄型家庭消费率和借贷型家庭消费率的影响差异，以研究住房价格波动对异质性自有住房家庭消费率的影响。这里需要进一步说明的是，技术冲击、通货膨胀冲击和利率冲击等其他冲击均使住房价格发生变动。为了说明本章研究的合理性，本章进一步研究住房价格波动的方差分解。住房偏好冲击遵循以下随机过程

$$\ln j_t = (1-\rho_j)\ln\bar{j} + \rho_j \ln j_{t-1} + \mu_{j,t} \tag{4.1}$$

其中，$\rho_j \in (-1,1)$ 为冲击持续性；住房偏好冲击稳态值 $\bar{j}>0$；$\mu_{j,t}$ 为均值为 0、方差为 σ_j^2 的白噪声。本章不考虑住房交易成本，且不考虑政府向自有住房家庭和住房开发企业征收的税收。储蓄型家庭的名义跨期预算约束为

$$P_t C_{1,t} + (H_{1,t} - H_{1,t-1})Q_t + B_{1,t} = W_{1,t} N_{1,t} + R_{t-1} B_{1,t-1} + P_t F_t - \Delta M_{1,t}$$

其中，P_t 为一般价格水平，H_{t-1} 为上期住房需求，R_{t-1} 为商业银行存款利率，储蓄型家庭持有住房 $W_{1,t}$ 的名义价值为 $W_{1,t}$ 的名义工资，$P_t F_t$ 为最终产品厂商股份给储蓄型家庭的名义红利，储蓄型家庭实际红利所得稳态值的计算见最终产品厂商部门，$M_{1,t}$ 为储蓄型家庭持有的名义货币资产，$\Delta M_{1,t}$ 为中央银行向储蓄型家庭征收的铸币税收入，注意模型采用了名义

债务合同的设置，即假设储蓄型家庭在当期一次性[①]存入商业银行名义量为 $B_{1,t}$ 的资金，并在当期得到上期存款利息收益 $R_{t-1}B_{1,t-1}$。储蓄型家庭的实际跨期预算约束为

$$C_{1,t}+I_{H_{1,t}}+b_{1,t}=w_{1,t}N_{1,t}+\frac{R_{t-1}b_{1,t-1}}{\pi_t}+F_t-(m_{1,t}-m_{1,t-1}/\pi_t) \quad (4.2)$$

其中，$I_{H_{1,t}}$ 为住房投资，且 $I_{H_{1,t}}=(H_{1,t}-H_{1,t-1})q_t$，$q_t$ 为实际住房价格；实际存款 $b_{1,t}=B_{1,t}/P_t$；$w_{1,t}$ 为实际工资；通货膨胀率 $\pi_t=P_t/P_{t-1}$。在式（4.2）约束下，储蓄型家庭选择 $B_{1,t}$，$C_{1,t}$，$H_{1,t}$，$N_{1,t}$，$M_{1,t}$ 使效用最大，整理得到一阶条件为

$$1=E_t\left(\frac{U_{C_{1,t+1}}}{U_{C_{1,t}}}\frac{\beta_1 R_t}{\pi_{t+1}}\right) \quad (4.3)$$

$$\frac{U_{H_{1,t}}}{U_{C_{1,t}}}=q_t-\frac{\pi_{t+1}}{R_t}q_{t+1} \quad (4.4)$$

$$w_{1,t}=\frac{N_{1,t}^\eta}{U_{C_{1,t}}} \quad (4.5)$$

$$\chi m_{1,t}^{-\gamma}+\beta_1 U_{C_{1,t+1}}/\pi_{t+1}=U_{C_{1,t}} \quad (4.6)$$

其中，$U_{C_{1,t}}=\left(C_{1,t}^{\frac{\varepsilon-1}{\varepsilon}}+j_t H_{1,t}^{\frac{\varepsilon-1}{\varepsilon}}\right)^{\frac{1-\varsigma\varepsilon}{\varepsilon-1}}C_{1,t}^{-\frac{1}{\varepsilon}}$，$U_{H_{1,t}}=\left(C_{1,t}^{\frac{\varepsilon-1}{\varepsilon}}+j_t H_{1,t}^{\frac{\varepsilon-1}{\varepsilon}}\right)^{\frac{1-\varsigma\varepsilon}{\varepsilon-1}}H_{1,t}^{-\frac{1}{\varepsilon}}j_t$。

4.1.2 借贷型家庭

借贷型家庭决策问题为

$$\max_{\{B_{2,t},C_{2,t},H_{2,t},N_{2,t},M_{2,t}\}_{t=0}^\infty} E_0\sum_{t=0}^\infty \beta_2^t\left\{\frac{1}{1-\varsigma}\left[\left(C_{2,t}^{\frac{\varepsilon-1}{\varepsilon}}+j_t H_{2,t}^{\frac{\varepsilon-1}{\varepsilon}}\right)^{\frac{\varepsilon}{\varepsilon-1}}\right]^{1-\varsigma}-\frac{N_{2,t}^{1+\eta}}{1+\eta}+\chi\frac{m_{2,t}^{1-\gamma}}{1-\gamma}\right\}$$

---

① 我国个人住房贷款实行浮动利率制度，通常以一年为期限在每年的1月1日定期调整利率水平。一次性总付的模型设定主要是为了考虑借贷型家庭的住房抵押贷款浮动利率问题。

$$\text{s.t.} C_{2,t}+I_{H_{2,t}}+\frac{R_{t-1}^{L}b_{2,t-1}}{\pi_{t}}=w_{2,t}N_{2,t}+b_{2,t}-(m_{2,t}-m_{2,t-1}/\pi_{t}) \quad (4.7)$$

$$R_{t-1}^{L}b_{2,t} \leqslant d_{2,t}E_{t}(q_{t+1}\pi_{t+1}H_{2,t}) \quad (4.8)$$

其中，$I_{H_{2,t}}$ 为住房投资，且 $I_{H_{2,t}}=(H_{2,t}-H_{2,t-1})q_{t}$；$d_{2,t}$ 为贷款价值比；R_{t-1}^{L} 为商业银行贷款利率。

与储蓄型家庭相比，借贷型家庭主观贴现率较低，即 $0<\beta_{2}<\beta_{1}<1$。参考 Gan[35] 的研究，信贷约束通常还可以用抵押贷款可承受力（mortgage affordability）或者住房银行贷款申请状态来衡量。借贷型家庭根据购房合同向住房开发企业支付购房首付款后，余下部分通过商业银行个人住房贷款获得，但需要满足抵押品的信贷约束。信贷约束方程（4.8）[①] 表明住房抵押价值不能超过其名义价值，且抵押品的信贷约束在任何状态均能实现[②]。借贷型家庭决策问题的一阶条件为

$$U_{C_{2,t}}=R_{t}^{L}\lambda_{2,t}+U_{C_{2,t+1}}\frac{\beta_{2}R_{t}^{L}}{\pi_{t+1}} \quad (4.9)$$

$$q_{t}=\frac{U_{H_{2,t}}}{U_{C_{2,t}}}+E_{t}\left(\beta_{2}\frac{U_{C_{2,t+1}}}{U_{C_{2,t}}}q_{t+1}+\frac{\lambda_{2,t}}{U_{C_{2,t}}}d_{2,t}q_{t+1}\pi_{t+1}\right) \quad (4.10)$$

$$w_{2,t}=\frac{N_{2,t}^{\eta}}{U_{C_{2,t}}} \quad (4.11)$$

$$\chi m_{2,t}^{-\gamma}+\beta_{2}U_{C_{2,t+1}}/\pi_{t+1}=U_{C_{2,t}} \quad (4.12)$$

其中，$U_{C_{2,t}}=\left(C_{2,t}^{\frac{\varepsilon-1}{\varepsilon}}+j_{t}H_{2,t}^{\frac{\varepsilon-1}{\varepsilon}}\right)^{\frac{1-\varsigma\varepsilon}{\varepsilon-1}}C_{2,t}^{-\frac{1}{\varepsilon}}$，$U_{H_{2,t}}=\left(C_{2,t}^{\frac{\varepsilon-1}{\varepsilon}}+j_{t}H_{2,t}^{\frac{\varepsilon-1}{\varepsilon}}\right)^{\frac{1-\varsigma\varepsilon}{\varepsilon-1}}H_{2,t}^{-\frac{1}{\varepsilon}}j_{t}$，$\lambda_{2,t}$ 为信贷约束方程的拉格朗日乘数。

---

① 参考 Kiyotali 和 Moore[91] 的研究，式（4.8）是典型的信贷约束方程。

② Iacoviello[92] 对信贷约束是否产生限制进行了比较全面的研究。

4.1.3 住房开发企业

参考赵胜民和罗琦[43]的研究对房地产开发商部门的设置,住房开发企业生产函数为规模报酬不变的Cobb-Douglas生产函数。

$$Y_t = A_t K_{t-1}^u H_{e,t-1}^v N_{1,t}^{\alpha(1-u-v)} N_{2,t}^{(1-\alpha)(1-u-v)} \qquad (4.13)$$

其中,Y_t为实际产出;A_t为生产技术;K_{t-1}和$H_{e,t-1}$分别为上期资本和住房需求;u为资本产出弹性;v为住房产出弹性;α为储蓄型家庭工资份额;$\alpha(1-u-v)$与$(1-\alpha)(1-u-v)$分别为储蓄型家庭和借贷型家庭的劳动力产出弹性。技术冲击遵循的随机过程为

$$\ln A_t = (1-\rho_A)\ln\bar{A} + \rho_A \ln A_{t-1} + \mu_{A,t} \qquad (4.14)$$

其中,$\rho_A \in (-1,1)$为冲击持续性;$\mu_{A,t}$为均值为0和方差为σ_A^2的白噪声。资本积累过程为

$$K_t = (1-\delta)K_{t-1} + I_K \qquad (4.15)$$

其中,I_{K_t}为资本投资;δ为资本折旧率。住房需求积累过程为

$$q_t H_{e,t} = q_t H_{e,t-1} + I_{H_e,t}$$

其中,$I_{H_e,t}$为住房投资。为了便于分析,本章不考虑住房开发企业的住房持有问题,住房开发企业的效用最大化问题为

$$\max_{\{B_{e,t}, I_{K_t}, K_t, H_{e,t}, N_{1,t}, N_{2,t}\}_{t=0}^{\infty}} E_0 \sum_{t=0}^{\infty} \beta_e^t \ln C_{e,t}$$

本章假设住房开发企业生产的中间产品以价格P_t^w全部出售给最终产品厂商,再由最终产品厂商进行加成定价使中间产品变为最终产品,并以价格P_t进行出售。其中,$X_t = P_t/P_t^w$为最终产品对中间产品的价格加成。住房开发企业的跨期预算约束为

$$\frac{Y_t}{X_t} + b_{e,t} = C_{e,t} + \frac{R_{t-1}^L b_{e,t-1}}{\pi_t} + w_{1,t} N_{1,t} + w_{2,t} N_{2,t} + I_{K_t} + I_{H_e,t} + \xi_{K_t} \qquad (4.16)$$

$$I_{K_t}=K_t-(1-\delta)K_{t-1}$$

$$I_{He,t}=(H_{e,t}-H_{e,t-1})q_t$$

住房投资的交易成本 ξ_{K_t} 为

$$\xi_{K_t}=\frac{\psi_K}{2\delta}\left(\frac{I_{K_t}}{K_{t-1}}-\delta\right)^2 K_{t-1}$$

与借贷型家庭一样，住房开发企业受到资产负债表效应的强烈影响。如果住房开发企业不能履行偿付债务，商业银行有权拥有住房开发企业抵押的住房，损失的交易成本为 $(1-d_e)E_t(q_{t+1}\pi_{t+1}H_{e,t})$。假设借贷型家庭和住房开发企业有相同的贷款利率 R_t^L。因此，住房开发企业贷款 $b_{e,t}$ 约束于 $d_{e,t}E_t(q_{t+1}\pi_{t+1}H_{e,t}/R_t^L)$，即

$$R_t^L b_{e,t} \leq d_e E_t(q_{t+1}\pi_{t+1}H_{e,t}) \tag{4.17}$$

其中，$d_{e,t}$ 为贷款价值比，$0 \leq \bar{d}_e \leq 1$。信贷约束方程（4.17）表明住房抵押价值不能超过其名义价值。住房开发企业决策问题的一阶条件为

$$\frac{1}{C_{e,t}}=E_t\left(\frac{\beta_e R_t^L}{\pi_{t+1}C_{e,t+1}}\right)+\lambda_{e,t}R_t^L \tag{4.18}$$

$$\lambda_{k,t}=\frac{1}{C_{e,t}}\left[1+\frac{\psi_K}{\delta}\left(\frac{I_{K_t}}{K_{t-1}}-\delta\right)\right] \tag{4.19}$$

$$\lambda_{k,t}=\frac{\beta_e}{C_{e,t+1}}\left[\frac{\psi_K}{\delta}\left(\frac{I_{K_{t+1}}}{K_t}-\delta\right)\frac{I_{K_{t+1}}}{K_t}-\frac{\psi_K}{2\delta}\left(\frac{I_{K_{t+1}}}{K_t}-\delta\right)^2\right]$$

$$+\beta_e E_t\left[\frac{uY_{t+1}}{C_{e,t+1}X_{t+1}K_t}+\lambda_{k,t+1}(1-\delta)\right] \tag{4.20}$$

$$\frac{q_t}{C_{e,t}}=E_t\left[\frac{\beta_e}{C_{e,t+1}}\left(\frac{vY_{t+1}}{H_{e,t}X_{t+1}}+q_{t+1}\right)\right]+\lambda_{e,t}d_{e,t}q_{t+1}\pi_{t+1} \tag{4.21}$$

$$w_{1,t}=\frac{\alpha(1-u-v)Y_t}{X_t N_{1,t}} \tag{4.22}$$

$$w_{2,t}=\frac{(1-\alpha)(1-u-v)Y_t}{X_t N_{2,t}} \tag{4.23}$$

其中，$\lambda_{e,t}$为信贷约束方程的拉格朗日乘数；$\lambda_{k,t}$为资本积累过程的拉格朗日乘数。

4.1.4 最终产品厂商

参考 Bernanke 等[93]的研究，经济中有连续统多的垄断竞争最终产品厂商生产差异最终产品，以$z\in(0, 1)$标记。由利润最大化的一阶条件得到最终产品厂商需求函数为

$$Y_t(z)=\left(\frac{P_t(z)}{P_t}\right)^{-\varphi}Y_t^f$$

其中，最终产品生产函数为$Y_t^f=\left(\int_0^1 Y_t(z)^{\frac{\varphi-1}{\varphi}}dz\right)^{\frac{\varphi}{\varphi-1}}$；中间产品替代弹性$\varphi>1$；最终产品价格为$P_t=\left(\int_0^1 P_t(z)^{1-\varphi}dz\right)^{\frac{1}{1-\varphi}}$。

参考 Calvo[94]的研究，$1-\theta$比重的最终产品厂商使产品价格为最优水平$\tilde{P}_t$，而θ比重的最终产品厂商产品价格盯住上期的通货膨胀率。由此θ越大，价格黏性程度越大；反之θ越小，价格黏性程度越小。利润最大化的一阶条件为

$$\sum_{i=0}^{\infty}\theta^i E_t\left[\beta_1\frac{C_{1,t}}{C_{1,t+i}}\left(\frac{\tilde{P}_t(z)}{P_{t+i}}-\frac{X_t}{X_{t+i}}\right)\tilde{Y}_{t+i}(z)\right]=0$$

最终产品价格为

$$P_t=(\theta P_{t-1}^{\varphi}+(1-\theta)\tilde{P}_t^{1-\varphi})^{\frac{1}{1-\varphi}}$$

通过整理以上两个式子可以推导出附加预期的菲利普斯曲线为

$$\pi_t=\pi_{t+1}^{\beta_1}\left(\frac{X_t}{\overline{X}}\right)^{-K}\tau_t \tag{4.24}$$

其中，$K=\frac{(1-\theta)(1-\beta_1\theta)}{\theta}$；价格加成比例稳态值 $\bar{X}=\varphi/(\varphi-1)$；储蓄型家庭实际红利所得为 $F_t=[(X_t-1)/X_t]Y_t$。

通货膨胀冲击遵循以下随机过程

$$\ln \tau_t=(1-\rho_\tau)\ln \bar{\tau}+\rho_\tau\ln \tau_{t-1}+\mu_{\tau,t} \quad (4.25)$$

其中，稳态值 $\bar{\tau}>0$；$\rho_\tau \in (-1, 1)$ 为冲击持续性；$\mu_{\tau,t}$ 为均值为 0 和方差为 σ_τ^2 的白噪声。

4.1.5 商业银行

商业银行依靠存贷款利率差获得利润，在当期吸收储蓄型家庭名义存款 $B_{1,t}$，并按照中央银行要求上缴 $100e\%$ 比例作为存款准备金[①]。名义可贷资金总量等于减去存款准备金后的名义存款，表达式为

$$L_t=(1-e)B_{1,t}$$

其中，e 为中央银行法定存款准备金率。上式两边同时除以价格 P_t，得到实际可贷资金总量 l_t 为

$$l_t=(1-e)b_{1,t} \quad (4.26)$$

其中，$l_t=L_t/P_t$。商业银行向借贷型家庭和住房开发企业提供实际信贷量分别为 $b_{2,t}$ 和 $b_{e,t}$，实际信贷量的总和刚好等于实际可贷资金总量 $b_{2,t}+b_{e,t}=l_t$。

为了追求利润最大化，商业银行会调整信贷量，从而产生调整成本。当借贷型家庭和住房开发企业经营不善和破产等原因导致违约发生时，为了满足巴塞尔协议等法规对银行资本充足率的要求，商业银行往往会调整信贷量；另一方面，当经济形势预期从乐观变为消极时，由于不能有效控制借贷型家庭和住房开发企业风险，商业银行也会调整信贷量。参考郑忠

---

① 存款准备金包括法定准备金和超额准备金。

华和张瑜[90]、Hülsewig 等[95]以及 Atta-Mensah 和 Dib[96]的研究，本章在 DSGE 模型框架下，引入银行调整成本来模拟商业银行的经营过程。银行调整成本为

$$\text{LAC}_t = \frac{g}{2}\left(\frac{l_t}{l_{t-1}}-1\right)^2 l_{t-1}$$

其中，g 为信贷调整成本系数。利润最大化问题为

$$\max E_0 \sum_{t=0}^{\infty} \beta_1^t (R_t^L l_t - R_t b_{1,t} - \text{LAC}_t)$$

s.t. $l_t = (1-e)b_{1,t}$

一阶条件为

$$R_t^L - \frac{R_t}{1-e} - g\left(\frac{l_t}{l_{t-1}}-1\right) = \beta_1\left[\frac{g}{2}\left(\frac{l_{t+1}}{l_t}-1\right)^2 - g\left(\frac{l_{t+1}}{l_t}-1\right)\frac{l_{t+1}}{l_t}\right] \quad (4.27)$$

在稳态时有

$$\bar{R}^L = \frac{\bar{R}}{1-e}$$

由于商业银行的出现，贷款利率不再等于存款利率，出现了存贷款利率差，等同于在经济中加入了一个利率的加成影响。商业银行架起存贷、抵押以及中央银行之间的桥梁。

4.1.6 中央银行

由于货币供给量作为货币政策中介目标之一，本章上期 M_2 增长率 o_{t-1} 加入 Taylor 规则。同时，参考 King[97]的研究中考虑利率的平滑作用，货币政策规则采用推广的 Taylor 规则形式为

$$1+R_t = (1+\bar{R})^{1-\rho_R}(1+R_{t-1})^{\rho_R}\left((\pi_t)^{R_\pi}(Y_t)^{R_Y}(o_{t-1})^{R_O}\right)^{1-\rho_R} e^{\mu_{R,t}} \quad (4.28)$$

其中，稳态值 $\bar{R}=1/\beta_1$；M_2 增长率为 $O_t = m_t \pi_t / m_{t-1}$；$R_\pi$，$R_Y$，$R_m$ 分别为利率对通货膨胀率、产出和 M_2 增长率的反应系数；$\rho_R \in (-1, 1)$ 为正向利

率冲击持续性；$\mu_{R,t}$为均值为 0、方差为 σ_R^2 的白噪声。

参考李拉亚[80]的研究，新凯恩斯主义经济理论使中央银行制定政策的理论基础发生变动，中央银行要使用宏观审慎政策稳定金融系统。货币政策仍遵循推广的 Taylor 规则即式（4.28），同时加入稳定金融系统的宏观审慎政策。参考梁璐璐等[88]的研究，宏观审慎政策通过影响贷款价值比来影响借贷型家庭和住房开发企业的信贷约束。

$$d_{2,t} = \bar{d}_2 \left[(1 + \mu_{2,t}) \left(\frac{b_{2,t}}{b_{2,t-1}} \right) \right]^{-\tau_2} \tag{4.29}$$

$$d_{e,t} = \bar{d}_e \left[(1 + \mu_{e,t}) \left(\frac{b_{e,t}}{b_{e,t-1}} \right) \right]^{-\tau_e} \tag{4.30}$$

其中，$\bar{d}_2$ 和 $\bar{d}_e$ 为借贷型家庭和住房开发企业贷款价值比稳态值；$\mu_{2,t}$ 和 $\mu_{e,t}$ 分别为中央银行对借贷型家庭和住房开发企业贷款价值比的冲击；$b_{2,t}/b_{2,t-1}$ 和 $b_{e,t}/b_{e,t-1}$ 为借贷型家庭和住房开发企业信贷增长率；τ_2 和 τ_e 为中央银行对借贷型家庭和住房开发企业信贷过多增长的宏观审慎强度。

4.1.7 市场出清

市场出清存在于货币市场、住房市场和最终产品市场。

$$m_{1,t} + m_{2,t} = m_t \tag{4.31}$$

$$H_{1,t} + H_{2,t} + H_{e,t} = 1 \tag{4.32}$$

$$C_{1,t} + C_{2,t} + C_{e,t} + I_{K_t} + I_{H_{1,t}} + I_{H_{2,t}} + I_{H_{e,t}} = Y_t \tag{4.33}$$

4.2 参数估计

方程（4.1）-（4.33）构成非线性随机差分方程组。由于 DSGE 模型中储蓄型家庭和借贷型家庭终生效用函数由 CES 效用函数表示，本章直接对水平形式的包括储蓄型家庭消费率和借贷型家庭消费率变量的非线性随机差分方程组进行估计,通过对数线性化非线性随机差分方程组进行研究是未来的研究方向之一。数据处理和分析软件为 Matlab 软件包 Dynare 4.4.3。

根据变量稳态值与所在时期无关,比如 $C_{1,t}=C_{1,t+1}=\bar{C}_1$,对方程组中所有内生变量均作此变换得到内生变量的稳态方程组。为了便于计算,本章产出 Y_t 标准化为 1,即产出稳态值 $\bar{Y}$ 为 0,然后将所有内生变量稳态值均用产出稳态值 $\bar{Y}$ 表示。其中,储蓄型消费与产出稳态值比值为储蓄型家庭消费率,即 $c_1=\bar{C}_1/\bar{Y}$。参考梁璐璐等[88]以及谭正勋和王聪[98]的研究,住房偏好冲击稳态值 $\bar{j}$ 取为 0.4,稳态值 $\bar{A}=0$。参考赵胜民和罗琦[43]以及陈名银和林勇[89]的研究,借贷型家庭和住房开发企业贷款价值比稳态值 $\bar{d}_2$ 和 $\bar{d}_e$ 分别为 0.8 和 0.5。

为了求解各个内生变量的稳态方程组,我们还需要非线性随机差分方程组中的各个参数值。参考刘斌[99]以及马文涛和魏福成[100]的研究,本章采用直接经验校准、VAR 模型估计和 Bayesian 估计对各个参数进行估计。

4.2.1 直接经验校准

参考刘斌[99]、Christiano 等[101]以及王彬[102]的研究,本章选择国内外经典文献中的参数值,直接经验校准稳态方程组中的参数,如表 4.1 所示。

表 4.1 稳态参数校准

参数	参数含义	校准值	参考文献
β_1, β_2, β_e	储蓄型家庭、借贷型家庭和住房开发企业主观贴现率	0.99, 0.97, 0.98	Song(2010)[103]
ζ	家庭消费风险厌恶系数	0.2	罗鹏(2014)[104]
ε	住房和消费替代弹性	0.59	Song(2010)[103]
η	劳动供给弹性	0.01	陈名银和林勇(2014)[89]
χ	货币需求系数	0.01	张卫平(2012)[105]

续表

参数	参数含义	校准值	参考文献
γ	货币需求利率弹性的倒数	3	张卫平（2012）[105]
μ, v	资本和住房产出弹性	0.4, 0.012	肖争艳和彭博（2011）[106]
α	储蓄型家庭工资份额	0.64	梁璐璐等（2014）[88]
δ	资本折旧率	0.035	许志伟等（2011）[107]
ψK	资本调整成本系数	1.5	King 和 Wolman（2013）[108]
ϕ	中间产品替代弹性	11	刘斌（2014）[99]
θ	价格刚性参数	0.66	赵胜民和罗琦（2013）[43]
e	法定存款准备金率	0.01	郑忠华和张瑜（2015）[90]
g	信贷调整成本系数	0.1	许伟和陈斌开（2009）[109]
R_π	利率对通货膨胀率的反应系数	1.31	刘斌（2014）[99]
R_Y	利率对产出的反应系数	0.78	刘斌（2014）[99]
R_O	利率对广义货币供给量增长率的反应系数	0.64	刘斌（2014）[99]
ρ_A	技术冲击持续性	0.7453	梁璐璐等（2014）[88]
τ_2	中央银行对借贷型家庭信贷过多增长的宏观审慎强度	0.75	梁璐璐等（2014）[88]
τ_e	中央银行对住房开发企业信贷过多增长的宏观审慎强度	0.5	梁璐璐等（2014）[88]
σ_A	技术冲击标准差	0.0068	梁璐璐等（2014）[88]
$\sigma_{\tau2}$	中央银行对借贷型家庭贷款价值比的冲击标准差	0.01	Neiss 和 Nelson（2003）[110]
$\sigma_{\tau e}$	中央银行对住房开发企业贷款价值比的冲击标准差	0.01	Neiss 和 Nelson（2003）[110]

4.2.2 VAR 模型估计

本章共有六个外生冲击，分别为住房偏好冲击、技术冲击、通货膨胀冲击、利率冲击以及中央银行对借贷型家庭和住房开发企业贷款价值比的冲击。为了得到住房价格、储蓄型家庭消费率和借贷型家庭消费率等内生变量对各个外生冲击的脉冲响应，我们还需要各个冲击的持续性和标准差。其中，对于技术冲击，参考梁璐璐等[88]的研究，技术冲击持续性 ρ_A 为 0.7453，标准差 σ_A 为 0.0486。对于中央银行对借贷型家庭和住房开发企业贷款价值比的冲击，参考梁璐璐等[88]的研究，中央银行对借贷型家庭和住房开发企业信贷过多增长的宏观审慎强度 τ_2 和 τ_e 分别为 0.75 和 0.5；参考 Neiss

第4章 住房价格波动对异质性自有住房家庭消费率的影响研究

和 Nelson[110] 的研究,中央银行对借贷型家庭和住房开发企业贷款价值比的冲击标准差 $\sigma_{\tau 2}$ 和 $\sigma_{\tau e}$ 均为 0.01。对于住房偏好冲击、通货膨胀冲击和利率冲击,参考李巍和张志超[111]的研究,本章引入变量实际商品住宅平均销售价格变动率(j_t)、银行间同业拆借加权平均利率(R_t)以及城镇通货膨胀率(τ_t),构建 VAR 模型,以得到住房偏好冲击、通货膨胀冲击和利率冲击的持续性和标准差。一般情形下,使用全国房屋销售价格指数作为住房价格代理变量较合适。由于统计制度调整,自从 2011 年以来,国家统计局停止发布全国房屋销售价格指数数据。由此本章使用商品住宅平均销售价格作为其代理变量。参考况伟大[38]与李成武[112]的研究,本章采用商品住宅平均销售价格反映住房价格变动。这里需要进一步说明的是,商品住宅平均销售价格与真实销售价格不同,前者是真实销售价格的均值,然而真实销售价格数据获得不到,本章以平均销售价格近似替代。本章计算商品住宅销售额与商品住宅销售面积比值得到商品住宅平均消费价格,然后利用城市 CPI(2000 年 =100)得到实际商品住宅平均消费价格,进而得到实际商品住宅平均消费价格变动率,以反映实际住房价格变动。本章使用银行间同业拆借加权平均利率反映名义利率变动,利用城市 CPI 除以 100 得到城镇通货膨胀率。我们用算术平均连续三个月度的城市 CPI(上年同月 =100)月度数据得到相应季度数据。由于银行间同业拆借加权平均利率为水平值,本章采用 X-11 加法模型进行季节调整。时间跨度为 2001 年第一季度至 2014 年第四季度。数据来自中经网的中国经济统计数据库和国家统计局统计数据。数据处理和分析软件为 Eviews 7.2。

  由于 VAR 模型的估计要求所有变量均平稳,在构建 VAR 模型之前,本章利用变量单位根(ADF)检验方法来检验变量的平稳性,如表 4.2 所示。

表 4.2　变量单位根（ADF）检验结果

变量	检验类型	P 值	结论
j_t	（C, 0, 4）	0.0274**	平稳
R_t	（C, 0, 0）	0.0107**	平稳
τ_t	（C, 0, 5）	0.0266**	平稳

注：检验类型括号中的（C, T, K）为检验平稳性时估计方程中的常数项、时间趋势项和滞后期数。其中，滞后期数由 SIC 准则确定，最大滞后期数为 10。统计量 P 值为拒绝原假设的最小显著性水平。***、** 和 * 分别为 1%、5% 和 10% 的显著性水平。

从表 4.2 可以看出，实际商品住宅平均销售价格变动率（j_t）、银行间同业拆借加权平均利率（R_t）以及城镇通货膨胀率（τ_t）变量在 5% 显著性水平下均显著。由于滞后 1 期的 SIC 值最小，本章构建滞后 1 期的 VAR 模型得到住房偏好冲击、通货膨胀冲击和利率冲击的持续性和标准差。VAR 模型估计结果为

$$\begin{bmatrix} j_t \\ R_t \\ \tau_t \end{bmatrix} = \begin{bmatrix} 0.3245 & -3.0699 & -0.7550 \\ 0.0132 & 0.5840 & 0.0667 \\ 0.0475 & 0.1511 & 0.9119 \end{bmatrix} \begin{bmatrix} j_{t-1} \\ R_{t-1} \\ \tau_{t-1} \end{bmatrix} + \begin{bmatrix} 0.8874 \\ 0.0590 \\ 0.0837 \end{bmatrix} \quad (4.34)$$

由式（4.34）可以得到，ρ_j=0.3245，ρ_R=0.5840，ρ_τ=0.9119。通过计算残差的标准差可以得到，σ_j=0.0606，σ_R=0.0068，σ_τ=0.0101。

4.2.3　Bayesian 估计

参考 Smets 和 Wouters[113]、Sugo 和 Ueda[114] 以及 Ratto 等[115] 的研究，本章运用 Bayesian 估计得到出现在稳态方程组中的动态参数。Bayesian 估计的具体步骤为首先利用似然函数和参数的先验分布得到待估参数的后验分布，然后运用马尔科夫链蒙特卡洛（MCMC, Markov Chain Monte Carlo）方法得到参数估计值。

为避免 Bayesian 估计中的奇异性问题，所选观测变量的个数必须不大

于外生冲击的个数。综合考虑数据可得性和估计方法约束，本章选取实际商品住宅平均销售价格、银行间同业拆借加权平均利率、城镇通货膨胀率和 M_2 增长率作为观测变量。本章使用实际商品住宅平均销售价格反映住房价格变动，使用银行间同业拆借加权平均利率反映名义利率变动，利用城市 CPI 除以 100 得到城镇通货膨胀率。我们用算术平均城市 CPI（上年同月 =100）三个月月度数据得到相应季度数据。本章使用商品住宅销售额与商品住宅销售面积比值得到商品住宅平均消费价格，然后利用城市 CPI（1999年=100）得到实际商品住宅平均消费价格，以反映实际住房价格变动。本章使用 M_2 月末值得到名义 M_2 增长率。由于实际商品住宅平均销售价格和银行间同业拆借加权平均利率均为水平值，本章采用 X–11 加法模型进行季节调整。时间跨度为 2000 年第一季度至 2014 年第四季度。

对先验分布设定如下：参考赵胜民和罗琦[43]的研究，每期不能最优化价格的比例 θ 应该在 0～1 之间，其先验分布服从均值为 0.66、标准差为 0.1 的 β 分布。参考梁璐璐等[88]的研究，储蓄型家庭工资份额服从均值为 0.64、标准差为 0.1 的 β 分布。四个外生冲击的自回归系数 ρ_j，ρ_A，ρ_τ，ρ_R 先验分布分别服从均值为 0.75、标准差为 0.1 的 β 分布和均值为 0.5、标准差为 0.2 的 β 分布。参考刘斌[99]的研究在货币政策规则中的设定，利率对通货膨胀率、产出和广义货币供给量增长率的反应系数 R_π，R_Y，R_o 先验分布分别服从均值为 2、标准差为 1 的 Γ 分布和均值为 1、标准差为 0.5 的 Γ 分布；参考 Neiss 和 Nelson[110] 的研究，假设所有的冲击标准差均为 0.01。参考陈名银和林勇[89]的研究，外生冲击的标准差 σ_j，σ_A，σ_τ，σ_R 以及对借贷型家庭和住房开发企业贷款价值比的冲击标准差 σ_{r2}，$\sigma_{\tau e}$ 先验分布均服从均值为 0.01 的 Γ^{-1} 分布。基于上述先验分布，利用可观测变量数据进行 Bayesian 估计，如表 4.3 所示。

表 4.3　动态参数的 Bayesian 估计[①]

参数	先验分布	参数	先验分布
θ	B (0.66, 0.1)	R_π, R_Y	Γ (2, 1)
α	B (0.64, 0.1)	R_o	Γ (1, 0.5)
ρ_j, ρ_A, ρ_τ	B (0.75, 0.1)	ρ_j, σ_A, σ_τ, σ_R	Γ^{-1} (0.01, ∞)
ρ_R	B (0.5, 0.2)	$\sigma_{\tau 2}$, $\sigma_{\tau e}$	Γ^{-1} (0.01, ∞)

4.3　反事实仿真

我们根据方程（4.1）–（4.33）构成的非线性随机差分方程组得到变量稳态方程组。其中，住房价格稳态方程为

$$\bar{q} = \frac{\bar{j}}{1-\beta_2-(\beta_1(1-e)-\beta_2)\bar{d}_2} \frac{\bar{C}_2}{\bar{H}_2} \quad (4.35)$$

其中，$\bar{q}$ 为住房价格稳态值；$\bar{j}$ 为住房偏好冲击稳态值；$\bar{d}_2$，$\bar{C}_2$，$\bar{H}_2$ 分别为借贷型家庭贷款价值比、借贷型消费和借贷型家庭住房需求的稳态值。由于经济下行，为了提高总需求，2016 年 2 月 2 日，除北京等限购城市外，对贷款没有结清且申请商业性个人住房贷款购买第二套住房的家庭，最低首付比由 2015 年 3 月 30 日的 40% 下调至 30%。在其他参数和变量稳态值不变情况下，由于 $\beta_1(1-e)-\beta_2 > 0$，借贷型家庭贷款价值比稳态值 $\bar{d}_2$ 的增加使住房价格上涨。为了研究在最低首付比调低背景下，住房偏好冲击对异质性自有住房家庭消费率的影响，本章通过修改借贷型家庭贷款价值比稳态值 $\bar{d}_2$ 进行反事实仿真，研究在其他参数和变量稳态值不变条件下，当借贷型家庭贷款价值比稳态值 $\bar{d}_2$ 变动时，住房价格对正向住房偏好冲击的脉冲响应差异。由于正向偏好冲击与负向偏好冲击影响结果具有对称性，本

---

① B (μ, σ)、Γ (μ, σ) 和 Γ^{-1} (μ, σ) 分别为均值为 μ、方差 σ 的 β 分布、Γ 分布和 Γ^{-1} 分布。

第4章 住房价格波动对异质性自有住房家庭消费率的影响研究

章仅分析正向偏好冲击的结果，如图4.2所示。

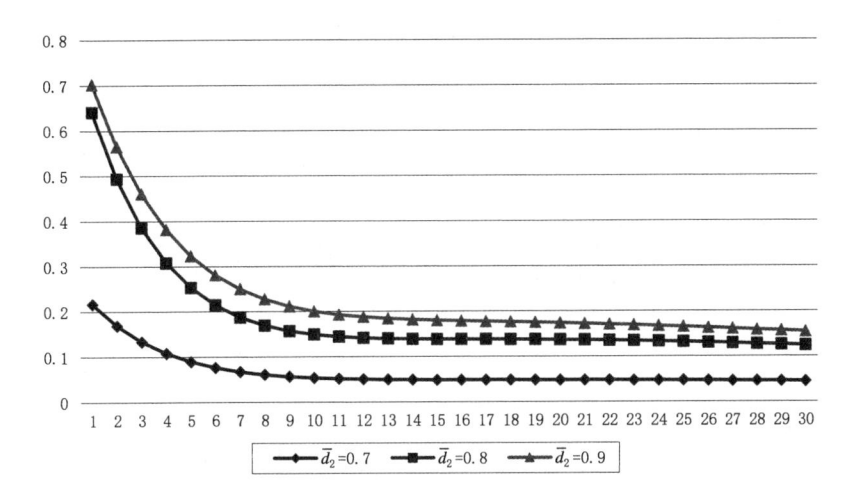

图中图例：$\bar{d}_2=0.7$，$\bar{d}_2=0.8$，$\bar{d}_2=0.9$

图4.2 住房价格对正向住房偏好冲击的脉冲响应图

从图4.2可以看出，当借贷型家庭贷款价值比稳态值为0.7时，受到正向住房偏好冲击，住房价格在第1期上涨，但上涨幅度很小。由此正向住房偏好冲击会提高当期住房价格。当借贷型家庭贷款价值比稳态值从0.7增加到0.8时，最低首付比的适度调低会激励改善性住房需求，但会大大提高住房价格，甚至使住房价格呈现出泡沫化，由此最低首付比的适度调低会扩大住房价格对住房偏好冲击的脉冲响应。但当借贷型家庭贷款价值比稳态值从0.8增加到0.9时，住房价格不会增加很多。这是因为中央银行同时使用货币政策和宏观审慎政策，最低首付比的过度调低不会使住房价格变动很多，一定程度上防范了商业银行的信贷风险，验证了动态贷款价值比宏观审慎政策工具的有效性。

由于正向偏好冲击与负向偏好冲击影响结果具有对称性，负向住房偏好冲击会抑制当期住房价格。最低首付比的适度调低会扩大住房价格对住房偏好冲击的脉冲响应。但最低首付比的过度调低不会使住房价格下降很多。

接下来，为了研究在最低首付比调低背景下，住房偏好冲击对异质性自有住房家庭消费率的影响，本章通过修改借贷型家庭贷款价值比稳态值 $\bar{d}_2$ 进行反事实仿真，研究在其他参数和变量稳态值不变条件下，当借贷型家庭贷款价值比稳态值 $\bar{d}_2$ 变动时，储蓄型家庭消费率和借贷型家庭消费率对正向住房偏好冲击的脉冲响应差异。本章比较储蓄型家庭消费率和借贷型家庭消费率对正向住房偏好冲击的脉冲响应差异，如图4.3（a）和图4.3（b）所示。

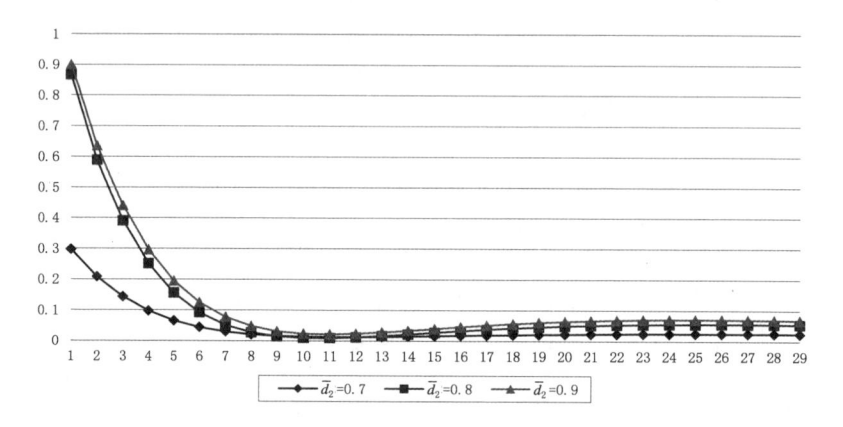

图4.3（a） 储蓄型家庭消费率对正向住房偏好冲击的脉冲响应图

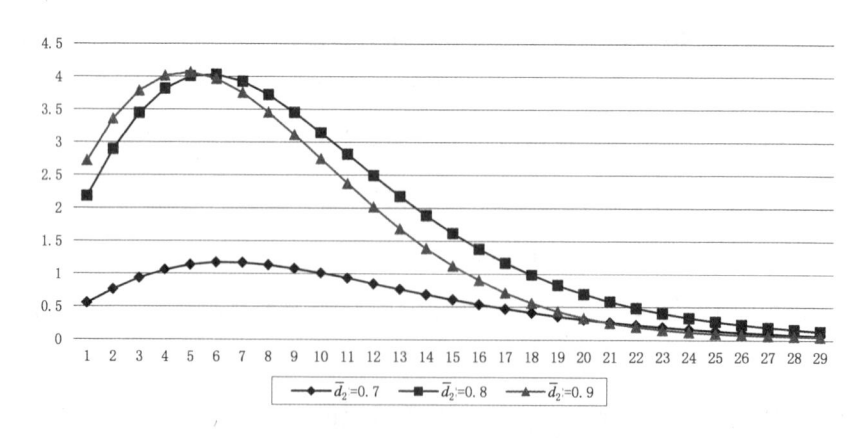

图4.3（b） 借贷型家庭消费率对正向住房偏好冲击的脉冲响应图

第 4 章　住房价格波动对异质性自有住房家庭消费率的影响研究

从图 4.3（a）和图 4.3（b）可以看出，当借贷型家庭贷款价值比稳态值为 0.7 时，受到正向住房偏好冲击，储蓄型家庭消费率和借贷型家庭消费率均在第 1 期上涨，但上涨幅度很小，且借贷型家庭消费率增加得更多。因此，受到正向住房偏好冲击，住房价格上涨对异质性自有住房家庭消费率影响为弱直接财富效应和弱替代效应，且对储蓄型家庭影响的直接财富效应大于替代效应，对借贷型家庭消费率影响的直接财富效应和资产负债表效应之和大于替代效应。由于借贷型家庭抵押住房通过商业银行个人住房贷款购买住房，住房价格的小幅度上涨使借贷型家庭从商业银行获得少量消费贷款，与储蓄型家庭相比，借贷型家庭消费率增加得更多。

当借贷型家庭贷款价值比稳态值从 0.7 增加到 0.8 时，随着最低首付比的适度调低，储蓄型家庭和借贷型家庭均会大幅提高消费率，且借贷型家庭消费率增加得更多。这是因为最低首付比的适度调低会大大提高住房价格，甚至使住房价格呈现出泡沫化。且住房价格的合理上涨对储蓄型家庭消费率和借贷型家庭消费率影响的直接财富效应显著，且对借贷型家庭消费率影响的资产负债表效应显著。随着最低首付比的适度调低，借贷型家庭能从商业银行获得更多消费贷款，与储蓄型家庭相比，借贷型家庭消费率增加得更多。

但当借贷型家庭贷款价值比稳态值从 0.8 增加到 0.9 时，借贷型家庭消费率只是出现小幅度上涨，储蓄型家庭消费率几乎无显著性变动，这是因为最低首付比的过度调低使住房价格越来越接近泡沫化，同时会大大提高商业银行的信贷风险，而住房价格的非理性上涨大大提高了潜在购房自有住房家庭的购房成本，从而其消费率不会增加很多。因此，住房价格的非理性上涨对储蓄型家庭消费率和借贷型家庭消费率影响的替代效应显著，且对储蓄型家庭影响的替代效应与直接财富效应刚好抵消。随着最低首付比的过度调低，即使出现信贷风险问题，借贷型家庭也能从商业银行获得少量消费贷款，与储蓄型家庭相比，借贷型家庭消费率增加得更多。因此，住房价格的非理性上涨对借贷型家庭消费率影响的直接财富效应和资产负债表效应之和大于替代效应，但净效应很小。

由于正向偏好冲击与负向偏好冲击影响结果具有对称性，反事实仿真结果表明受到住房偏好冲击，住房价格波动对自有住房家庭消费率影响为弱直接财富效应和弱替代效应，且对储蓄型家庭影响的直接财富效应大于替代效应，对借贷型家庭消费率影响的直接财富效应和资产负债表效应之和大于替代效应。反事实仿真结果表明在经济下行时，最低首付比的适度调低会扩大住房价格对住房偏好冲击的脉冲响应。由于中央银行使用宏观审慎政策，最低首付比的过度调低不会使住房价格变动很多，一定程度上防范了商业银行的信贷风险，验证了动态贷款价值比宏观审慎政策工具的有效性。进一步研究发现最低首付比的适度调低使住房价格波动对自有住房家庭消费率影响的直接财富效应显著，且对借贷型家庭消费率影响的资产负债表效应显著。但最低首付比的过度调低使住房价格波动对自有住房家庭消费率影响的替代效应显著。

4.4 住房价格波动的方差分解

为了验证比较储蓄型家庭消费率和借贷型家庭消费率对住房偏好冲击的脉冲响应差异，以研究住房价格波动对异质性自有住房家庭消费率影响是否合理，本章比较分析当借贷型家庭贷款价值比稳态值为0.8时，住房偏好冲击、技术冲击、通货膨胀冲击、利率冲击以及中央银行对借贷型家庭和住房开发企业贷款价值比的冲击六个冲击对住房价格波动的贡献值。由于中央银行对借贷型家庭和住房开发企业贷款价值比的冲击对住房价格波动的贡献值一直非常接近0，本章仅列出住房偏好冲击、技术冲击、通

第4章 住房价格波动对异质性自有住房家庭消费率的影响研究

货膨胀冲击和利率冲击四个冲击对住房价格波动的贡献值。如表4.4所示。

表4.4 住房价格波动的方差分解

单位：%

期数	住房偏好冲击	技术冲击	通货膨胀冲击	利率冲击
1	45.50	0.72	43.23	10.55
2	48.83	1.29	38.67	11.21
3	50.23	3.99	34.38	11.40
5	49.04	11.94	28.15	10.87
10	44.08	23.92	22.64	9.36
100	52.71	20.91	16.45	9.93

从表4.4可以看出，从第1期至第100期，住房偏好冲击、技术冲击、通货膨胀冲击和利率冲击四个冲击对住房价格波动的贡献值总和均为100%。由此住房价格波动完全由住房偏好冲击、技术冲击、通货膨胀冲击和利率冲击四个冲击解释。其中，从第1期至第100期，住房偏好冲击对住房价格波动的贡献值一直最大，住房偏好冲击在10期之前贡献值一直在44%以上，在第100期上升到高达52.71%。从第1期至第100期，技术冲击对住房价格波动的贡献值一直在上升，从第1期的0.72%上升到第10期的23.92%，在第100期为20.91%，成为解释住房价格波动的第二大重要因素。从第1期至第100期，通货膨胀冲击对住房价格波动的贡献值一直在下降，从第1期的43.23%一直下降到第100期的16.45%，但它仍是解释住房价格波动的重要因素。而从第1期至第100期，利率冲击的贡献值一直稳定在10%左右。以上结果充分说明，在宏观审慎监管框架下，住房价格波动对于住房偏好冲击十分敏感。这是因为自从1998年住房市场化改革以来，住房市场发展的活力不断得到释放。在住房市场化改革下，随着住房需求观念的不断转变和城镇化步伐的不断加快，自有住房家庭对住房需求的潜力不断得到释放。这充分说明了本章通过比较储蓄型家庭消费率和借贷型家庭消费率对住房偏好冲击的脉冲响应，以研究住房价格波动对异质性自有住房家庭消费率影响是合理的。

4.5 模型稳健性检验

为了检验模型的稳健性，本章比较分析当借贷型家庭贷款价值比稳态值 $\bar{d}_2$ 为 0.8 时，四个观测变量实际数据和模拟数据的标准差，如表 4.5 所示。

表 4.5 四个观测变量实际数据和模拟数据的标准差对比

稳健性检验	经济变量的标准差			
	实际商品住宅平均销售价格 (q)	银行间同业拆借加权平均利率 (r)	城镇通货膨胀率 (π)	M_2 增长率 (o)
实际经济	0.0859	0.0083	0.0214	0.0375
模拟经济	0.0859	0.0083	0.0214	0.0375

从表 4.5 可以看出，四个观测变量实际数据和模拟数据的标准差完全无差别。因此，估计的模型对于真实经济具备相应的解释能力。

4.6 本章小结

本章构建包括储蓄型家庭、借贷型家庭、住房开发企业、最终产品厂商、商业银行和中央银行六个微观经济主体的 DSGE 模型。本章直接对水平形式的包括储蓄型家庭消费率和借贷型家庭消费率变量的非线性随机差分方程组进行估计。

为了求解各个内生变量的稳态方程组，我们还需要出现在非线性随机差分方程组中的所有参数值。本章采用直接经验校准、VAR 模型估计和 Bayesian 估计对 DSGE 模型中参数进行估计。本章选择经典文献中的参数值，直接经验校准稳态方程组中的参数。对于出现在稳态方程组中的动态参数，我们同样需要给出其校准值。本章运用 Bayesian 估计得到出现在稳态方程组中的动态参数。

其次，为了研究在最低首付比调低背景下，住房偏好冲击对异质性自

第4章 住房价格波动对异质性自有住房家庭消费率的影响研究

有住房家庭消费率的影响,本章对借贷型家庭贷款价值比稳态值进行反事实仿真。在改变借贷型家庭贷款价值比稳态值而保持其他参数和变量稳态值不变的条件下,本章比较储蓄型家庭消费率和借贷型家庭消费率对住房偏好冲击的脉冲响应差异。受到住房偏好冲击,住房价格波动对自有住房家庭消费率影响为弱直接财富效应和弱替代效应,且对储蓄型家庭影响的直接财富效应大于替代效应,对借贷型家庭消费率影响的直接财富效应和资产负债表效应之和大于替代效应。反事实仿真结果表明在经济下行时,最低首付比的适度调低会扩大住房价格对住房偏好冲击的脉冲响应。由于中央银行使用宏观审慎政策,最低首付比的过度调低不会使住房价格变动很多,一定程度上防范了商业银行的信贷风险,验证了动态贷款价值比宏观审慎政策工具的有效性。进一步研究发现最低首付比的适度调低使住房价格波动对自有住房家庭消费率影响的直接财富效应显著,且对借贷型家庭消费率影响的资产负债表效应显著。但最低首付比的过度调低使住房价格波动对自有住房家庭消费率影响的替代效应显著。

然后,为了验证比较储蓄型家庭消费率和借贷型家庭消费率对住房偏好冲击的脉冲响应差异,以研究住房价格波动对异质性自有住房家庭消费率影响是否合理,本章比较分析当借贷型家庭贷款价值比稳态值 $\bar{d}_2$ 为0.8时,住房偏好冲击、技术冲击、通货膨胀冲击、利率冲击以及中央银行对借贷型家庭和住房开发企业贷款价值比的冲击六个冲击对住房价格波动的贡献值。由于中央银行对借贷型家庭和住房开发企业贷款价值比的冲击对住房价格波动的贡献值一直非常接近0,本章仅列出住房偏好冲击、技术冲击、通货膨胀冲击和利率冲击四个冲击对住房价格波动的贡献值。住房价格波动的方差分解结果表明在宏观审慎监管框架下,住房价格波动对于住房偏好冲击十分敏感。

最后,本章进行模型稳健性检验,研究结果表明估计的模型对于真实经济具备相应的解释能力。

第5章 货币政策调控住房市场的规则选择研究[①]

本章以新凯恩斯主义经济理论为基础,构建包括耐心家庭、缺乏耐心家庭、住房开发企业、最终产品厂商、商业银行和中央银行六个微观经济主体的新凯恩斯 DSGE 模型研究货币政策调控住房市场的规则选择;然后,由于房价泡沫的度量是研究货币政策调控力度的前提,本章选取房价收入比作为度量我国房价泡沫较为合理的指标,并构建 ARIMA 模型预测2017—2021 年房价泡沫的变动趋势;最后,基于最优货币政策调控住房市场的有效性以及房价泡沫的度量研究结果,本章试图为政府提供随房价泡沫变动的调控力度政策建议,以权衡在防范系统性金融风险和经济硬着陆风险之间的两难选择。

---

① 本章已发表在 CSSCI 核心期刊《经济问题探索》2019 年第 3 期,第 142-155 页。以独立作者身份发表的论文题目为"货币政策调控住房市场的规则选择研究"。

5.1 DSGE 模型基本框架

本章拟以新凯恩斯主义经济理论为基础，构建包括耐心家庭、缺乏耐心家庭、住房开发企业、最终产品厂商、商业银行和中央银行六个微观经济主体的新凯恩斯 DSGE 模型进行研究，模型的基本框架如图 5.1 所示。

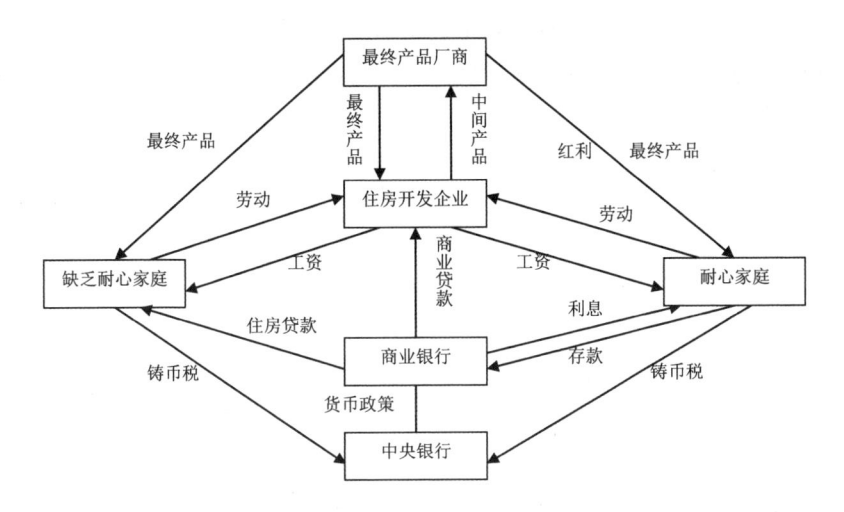

图 5.1 新凯恩斯 DSGE 模型的基本框架

参考 Flavin 和 Yamashita[86] 以及 Betermier[87] 的研究，住房商品和投资在数量上均可以分割，即耐心和缺乏耐心家庭在满足自身居住之外还会购买多套住房作为投资品，且缺乏耐心家庭抵押住房通过商业银行个人住房贷款购买多套住房。住房被看作与消费无差异的商品，耐心和缺乏耐心家庭可以通过分别最优化消费和住房投资来最大化效用。与耐心家庭相比，缺乏耐心家庭的主观贴现率更低。住房开发企业投入住房和其他资本，并雇佣耐心和缺乏耐心家庭劳动生产中间产品，在这一过程中，需要用住房进行借贷。本章假设住房开发企业每期的资金投入不足，住房开发企业抵押住房，通过商业贷款来满足当期消费和下期投资需求。涉及的成本为物质资本和住房投入成本，耐心和缺乏耐心家庭工资以及贷款利息。除去成本后，余下部分满足当期消费需求和下期投资需求。耐心和缺乏耐心家庭提供劳动给住房开发企业并获得工资用于消费。住房进入住房开发企业生产函数，形成生产能力，而住房进入耐心和缺乏耐心家庭效用函数，转化为效用。最终产品厂商为名义价格黏性的来源，向完全竞争住房开发企业购买中间产品，进行加成定价使中间产品变为最终产品后出售给住房开发企业、耐心和缺乏耐心家庭。其中，最终产品价格随时间逐渐调整，表现为其加成定价比例也随时间逐渐调整。中央银行仅实施货币政策，以稳定经济系统。本章引入住房偏好冲击、技术冲击、通货膨胀冲击和货币政策冲击四个外生冲击。

5.1.1 耐心家庭

由于住房和消费之间既存在替代关系，又存在互补关系，耐心和缺乏耐心家庭终生效用函数由 CES 效用函数表示。其中，耐心家庭决策问题为

$$\max_{\{B_{1,t},C_{1,t},H_{1,t},N_{1,t},M_{1,t}\}_{t=0}^{\infty}} E_0 \sum_{t=0}^{\infty} \beta_1^t \left\{ \frac{1}{1-\varsigma}\left[\left(C_{1,t}^{\frac{\varepsilon-1}{\varepsilon}}+j_t H_{1,t}^{\frac{\varepsilon-1}{\varepsilon}}\right)^{\frac{\varepsilon}{\varepsilon-1}}\right]^{1-\varsigma} - \frac{N_{1,t}^{1+\eta}}{1+\eta} + \chi \frac{m_{1,t}^{1-\gamma}}{1-\gamma} \right\}$$

其中，E_0 是基于初始可得信息的条件期望；β_1 为主观贴现率；$C_{1,t}$ 为消费；$H_{1,t}$ 为住房需求；$N_{1,t}$ 为劳动供给；$m_{1,t}$ 为实际货币资产；ς 为自有住房家庭消费风险厌恶系数；j_t 为住房偏好比重；ε 为住房和消费替代弹性。η 为劳动供给弹性；χ 为货币需求系数；$-1/\gamma$ 为货币需求利率弹性。住房偏好冲击指住房作为一种商品，自有住房家庭突然增加购买住房的热情。由于人口结构问题，我国相当数量的适婚人口进入结婚年龄，大量房屋作为婚房使得一段时间内对于住房的需求呈现刚性需求，从而使得住房价格上涨，所以本章特别引入了住房偏好冲击，来观察受到住房偏好冲击，住房价格波动对储蓄型家庭消费率和缺乏耐心家庭消费率的影响。住房偏好

第5章 货币政策调控住房市场的规则选择研究

冲击遵循以下随机过程

$$\ln j_t = (1-\rho_j)\ln\bar{j} + \rho_j \ln j_{t-1} + \mu_{j,t} \tag{5.1}$$

其中，$\rho_j \in (-1,1)$ 为冲击持续性；住房偏好冲击稳态值 $\bar{j} > 0$；$\mu_{j,t}$ 为均值为 0、方差为 σ_j^2 的白噪声。本章不考虑住房交易成本，且不考虑政府向自有住房家庭和住房开发企业征收的税收。耐心家庭的名义跨期预算约束为

$$P_t C_{1,t} + (H_{1,t} - H_{1,t-1})Q_t + B_{1,t} = W_{1,t}N_{1,t} + R_{t-1}B_{1,t-1} + P_t F_t - \Delta M_{1,t}$$

其中，P_t 为一般价格水平，H_{t-1} 为上期住房需求，R_{t-1} 为商业银行存款利率，$W_{1,t}$ 为耐心家庭的名义工资，$P_t F_t$ 为耐心家庭持有最终产品厂商股份得到的名义红利，耐心家庭实际红利所得 F_t 稳态值的计算见最终产品厂商部门，$M_{1,t}$ 为耐心家庭持有的名义货币资产，$\Delta M_{1,t}$ 为中央银行向耐心家庭征收的铸币税收入，注意模型采用了名义债务合同的设置，即假设耐心家庭在当期一次性存入商业银行名义量为 $B_{1,t}$ 的资金，并在当期得到上期存款利息收益 $R_{t-1}B_{1,t-1}$。耐心家庭的实际跨期预算约束为

$$C_{1,t} + I_{H_{1,t}} + b_{1,t} = w_{1,t}N_{1,t} + \frac{R_{t-1}b_{1,t-1}}{\pi_t} + F_t - (m_{1,t} - m_{1,t-1}/\pi_t) \tag{5.2}$$

其中，$I_{H_{1,t}}$ 为住房投资，且 $I_{H_{1,t}} = (H_{1,t} - H_{1,t-1})q_t$，$q_t$ 为实际住房价格；实际存款 $b_{1,t} = B_{1,t}/P_t$；$w_{1,t}$ 为实际工资；通货膨胀率 $\pi_t = P_t/P_{t-1}$。在式（5.2）约束下，耐心家庭选择 $B_{1,t}$，$C_{1,t}$，$H_{1,t}$，$N_{1,t}$，$M_{1,t}$ 使效用最大，整理得到一阶条件为

$$1 = E_t\left(\frac{U_{C_{1,t+1}}}{U_{C_{1,t}}} \frac{\beta_1 R_t}{\pi_{t+1}}\right) \tag{5.3}$$

$$\frac{U_{H_{1,t}}}{U_{C_{1,t}}} = q_t - \frac{\pi_{t+1}}{R_t} q_{t+1} \tag{5.4}$$

$$w_{1,t} = \frac{N_{1,t}^\eta}{U_{C_{1,t}}} \tag{5.5}$$

$$\chi m_{1,t}^{-\gamma}+\beta_1 U_{C_{1,t+1}}/\pi_{t+1}=U_{C_{1,t}} \tag{5.6}$$

其中，$U_{C_{1,t}}=\left(C_{1,t}^{\frac{\varepsilon-1}{\varepsilon}}+j_t H_{1,t}^{\frac{\varepsilon-1}{\varepsilon}}\right)^{\frac{1-\varsigma\varepsilon}{\varepsilon-1}} C_{1,t}^{-\frac{1}{\varepsilon}}$，$U_{H_{1,t}}=\left(C_{1,t}^{\frac{\varepsilon-1}{\varepsilon}}+j_t H_{1,t}^{\frac{\varepsilon-1}{\varepsilon}}\right)^{\frac{1-\varsigma\varepsilon}{\varepsilon-1}} H_{1,t}^{-\frac{1}{\varepsilon}} j_t$。

5.1.2 缺乏耐心家庭

缺乏耐心家庭决策问题为

$$\max_{\{B_{2,t},C_{2,t},H_{2,t},N_{2,t},M_{2,t}\}_{t=0}^{\infty}} E_0 \sum_{t=0}^{\infty} \beta_2^t \left\{ \frac{1}{1-\varsigma}\left[\left(C_{2,t}^{\frac{\varepsilon-1}{\varepsilon}}+j_t H_{2,t}^{\frac{\varepsilon-1}{\varepsilon}}\right)^{\frac{\varepsilon}{\varepsilon-1}}\right]^{1-\varsigma} - \frac{N_{2,t}^{1+\eta}}{1+\eta}+\chi\frac{m_{2,t}^{1-\gamma}}{1-\gamma} \right\}$$

$$\text{s.t.} C_{2,t}+I_{H_{2,t}}+\frac{R_{t-1}^L b_{2,t-1}}{\pi_t}=w_{2,t}N_{2,t}+b_{2,t}-(m_{2,t}-m_{2,t-1}/\pi_t) \tag{5.7}$$

$$R_t^L b_{2,t} \leq d_2 E_t(q_{t+1}\pi_{t+1}H_{2,t}) \tag{5.8}$$

其中，$I_{H_{2,t}}$ 为住房投资，且 $I_{H_{2,t}}=(H_{2,t}-H_{2,t-1})q_t$；$d_2$ 为贷款价值比；R_{t-1}^L 为商业银行贷款利率。与耐心家庭相比，缺乏耐心家庭主观贴现率较低，即 $0<\beta_2<\beta_1<1$。

参考 Gan[35] 的研究，信贷约束通常还可以用抵押贷款可承受力（mortgage affordability）或者住房银行贷款申请状态来衡量。缺乏耐心家庭根据购房合同向住房开发企业支付购房首付款后，余下部分通过商业银行个人住房贷款获得，但需要满足抵押品的信贷约束。信贷约束方程表明住房抵押价值不能超过其名义价值，且抵押品的信贷约束在任何状态均能实现。缺乏耐心家庭决策问题的一阶条件为

$$U_{C_{2,t}}=R_t^L \lambda_{2,t}+U_{C_{2,t+1}}\frac{\beta_2 R_t^L}{\pi_{t+1}} \tag{5.9}$$

$$q_t=\frac{U_{H_{2,t}}}{U_{C_{2,t}}}+E_t\left(\beta_2 \frac{U_{C_{2,t+1}}}{U_{C_{2,t}}}q_{t+1}+\frac{\lambda_{2,t}}{U_{C_{2,t}}}d_2 q_{t+1}\pi_{t+1}\right) \tag{5.10}$$

$$w_{2,t}=\frac{N_{2,t}^{\eta}}{U_{C_{2,t}}} \tag{5.11}$$

$$\chi m_{2,t}^{-\gamma}+\beta_2 U_{C_2,t+1}/\pi_{t+1}=U_{C_2,t} \quad (5.12)$$

其中，$U_{C_2,t}=\left(C_{2,t}^{\frac{\varepsilon-1}{\varepsilon}}+j_t H_{2,t}^{\frac{\varepsilon-1}{\varepsilon}}\right)^{\frac{1-\varsigma\varepsilon}{\varepsilon-1}} C_{2,t}^{-\frac{1}{\varepsilon}}$，$U_{H_2,t}=\left(C_{2,t}^{\frac{\varepsilon-1}{\varepsilon}}+j_t H_{2,t}^{\frac{\varepsilon-1}{\varepsilon}}\right)^{\frac{1-\varsigma\varepsilon}{\varepsilon-1}} H_{2,t}^{-\frac{1}{\varepsilon}} j_t$，$\lambda_{2,t}$ 为信贷约束方程的拉格朗日乘数。

5.1.3 住房开发企业

参考赵胜民和罗琦[43]对房地产开发商部门的设置，住房开发企业生产函数为规模报酬不变的 Cobb-Douglas 生产函数。

$$Y_t=A_t K_{t-1}^u H_{e,t-1}^v N_{1,t}^{\alpha(1-u-v)} N_{2,t}^{(1-\alpha)(1-u-v)} \quad (5.13)$$

其中，Y_t 为实际产出；A_t 为生产技术；K_{t-1} 和 $H_{e,t-1}$ 分别为上期资本和住房需求；u 为资本产出弹性；v 为住房产出弹性；α 为耐心家庭工资份额；$\alpha(1-u-v)$ 与 $(1-\alpha)(1-u-v)$ 分别为耐心和缺乏耐心家庭的劳动力产出弹性。技术冲击遵循以下随机过程

$$\ln A_t=(1-\rho_A)\ln\bar{A}+\rho_A\ln A_{t-1}+\mu_{A,t} \quad (5.14)$$

其中，$\rho_A\in(-1,1)$ 为冲击持续性；$\mu_{A,t}$ 为均值为 0 和方差为 σ_A^2 的白噪声。资本积累过程为

$$K_t=(1-\delta)K_{t-1}+I_K \quad (5.15)$$

其中，I_K 为资本投资；δ 为资本折旧率。住房需求积累过程为

$$q_t H_{e,t}=q_t H_{e,t-1}+I_{H_e,t}$$

其中，$I_{H_e,t}$ 为住房投资。为了便于分析，本章不考虑住房开发企业的住房持有问题，住房开发企业的效用最大化问题为

$$\max_{\{B_{e,t},I_{K,t},K_t,H_{e,t},N_{1,t},N_{2,t}\}_{t=0}^{\infty}} E_0 \sum_{t=0}^{\infty} \beta_e^t \ln C_{e,t}$$

本章假设住房开发企业生产的中间产品以价格全部出售给最终产品厂

商,再由最终产品厂商进行加成定价使中间产品变为最终产品,并以价格进行出售。其中,$X_t=P_t/P_t^w$ 为最终产品对中间产品的价格加成。住房开发企业的跨期预算约束为

$$\frac{Y_t}{X_t}+b_{e,t}=C_{e,t}+\frac{R_{t-1}^L b_{e,t}}{\pi_t}+w_{1,t}N_{1,t}+w_{2,t}N_{2,t}+I_{K_t}+I_{H_{e,t}}+\xi_{K_t} \tag{5.16}$$

住房投资的交易成本 ξ_{K_t} 为

$$\xi_{K_t}=\frac{\psi_K}{2\delta}\left(\frac{I_{K_t}}{K_{t-1}}-\delta\right)^2 K_{t-1}$$

与缺乏耐心家庭一样,住房开发企业受到资产负债表效应的强烈影响。如果住房开发企业不能履行偿付债务,商业银行有权拥有住房开发企业抵押的住房,损失的交易成本为 $(1-d_e)E_t(q_{t+1}\pi_{t+1}H_{e,t})$。假设缺乏耐心家庭和住房开发企业有相同的贷款利率 R_t^L。因此,住房开发企业贷款 $b_{e,t}$ 约束于 $d_{e,t}E_t(q_{t+1}\pi_{t+1}H_{e,t}/R_t^L)$,即

$$R_t^L b_{e,t} \leq d_e E_t(q_{t+1}\pi_{t+1}H_{e,t}) \tag{5.17}$$

其中,d_e 为贷款价值比。信贷约束方程(5.17)表明住房抵押价值不能超过其名义价值。住房开发企业决策问题的一阶条件为

$$\frac{1}{C_{e,t}}=E_t\left(\frac{\beta_e R_t^L}{\pi_{t+1}C_{e,t+1}}\right)+\lambda_{e,t}R_t^L \tag{5.18}$$

$$\lambda_{k,t}=\frac{1}{C_{e,t}}\left[1+\frac{\psi_K}{\delta}\left(\frac{I_{K_t}}{K_{t-1}}-\delta\right)\right] \tag{5.19}$$

$$\lambda_{k,t}=\frac{\beta_e}{C_{e,t+1}}\left[\frac{\psi_K}{\delta}\left(\frac{I_{K_{t+1}}}{K_t}-\delta\right)\frac{I_{K_{t+1}}}{K_t}-\frac{\psi_K}{2\delta}\left(\frac{I_{K_{t+1}}}{K_t}-\delta\right)^2\right]$$

$$+\beta_e E_t\left[\frac{uY_{t+1}}{C_{e,t+1}X_{t+1}K_t}+\lambda_{k,t+1}(1-\delta)\right] \tag{5.20}$$

$$\frac{q_t}{C_{e,t}} = E_t\left[\frac{\beta_e}{C_{e,t+1}}\left(\frac{vY_{t+1}}{H_{e,t}X_{t+1}} + q_{t+1}\right)\right] + \lambda_{e,t}d_e q_{t+1}\pi_{t+1} \tag{5.21}$$

$$w_{1,t} = \frac{\alpha(1-u-v)Y_t}{X_t N_{1,t}} \tag{5.22}$$

$$w_{2,t} = \frac{(1-\alpha)(1-u-v)Y_t}{X_t N_{2,t}} \tag{5.23}$$

其中，$\lambda_{e,t}$ 为信贷约束方程的拉格朗日乘数；$\lambda_{k,t}$ 为资本积累方程的拉格朗日乘数。

5.1.4 最终产品厂商

参考 Bernanke 等[93]的研究，经济中有连续统多的垄断竞争最终产品厂商生产差异最终产品，以 $z \in (0, 1)$ 标记。由利润最大化的一阶条件得到最终产品厂商需求函数为

$$Y_t(z) = \left(\frac{P_t(z)}{P_t}\right)^{-\phi} Y_t^f$$

其中，最终产品生产函数为 $Y_t^f = \left(\int_0^1 Y_t(z)^{\frac{\phi-1}{\phi}}dz\right)^{\frac{\phi}{\phi-1}}$；中间产品替代弹性 $\varphi > 1$；最终产品价格为 $P_t = \left(\int_0^1 P_t(z)^{1-\varphi}dz\right)^{\frac{1}{1-\varphi}}$。

参考 Calvo[94]的研究，$1-\theta$ 比重的最终产品厂商使产品价格为最优水平 $\widetilde{P}_t$，而 θ 比重的最终产品厂商产品价格盯住上期的通货膨胀率。由此 θ 越大，价格黏性程度越大；反之 θ 越小，价格黏性程度越小。本章拟通过求解利润最大化的一阶条件和最终产品价格推导出附加预期的菲利普斯曲线为

$$\pi_t = \pi_{t+1}^{\beta_1}\left(\frac{X_t}{\overline{X}}\right)^{-K}\tau_t \tag{5.24}$$

其中，$K=(1-\theta)(1-\beta_1\theta)/\theta$；价格加成比例稳态值 $\bar{X}=\varphi/(\varphi-1)$；耐心家庭实际红利所得为 $F_t=[(X_t-1)/X_t]Y_t$。

通货膨胀冲击遵循以下随机过程

$$\ln\tau_t=(1-\rho_\tau)\ln\bar{\tau}+\rho_\tau\ln\tau_{t-1}+\mu_{\tau,t} \tag{5.25}$$

其中，稳态值 $\bar{\tau}>0$；$\rho_\tau\in(-1,1)$ 为冲击持续性；$\mu_{\tau,t}$ 为均值为 0 和方差为 σ_τ^2 的白噪声。

5.1.5 商业银行

商业银行作为金融机构，在每一期吸收耐心家庭的存款 $b_{1,t}$，每一期耐心家庭得到存款利率 R_t，利息为 $b_{1,t}R_t$，同时每一期商业银行也对外放贷满足缺乏耐心家庭和住房开发企业消费和投资的借款需要，而缺乏耐心家庭和住房开发企业每一期要还商业银行上一期的贷款利息。为了研究方便，假设缺乏耐心家庭和住房开发企业有相同的贷款利率 R_t^l，商业银行依靠存贷款利率差获得利润，在当期吸收耐心家庭名义存款 $B_{1,t}$，并按照中央银行要求上缴 100e% 比例作为存款准备金。名义可贷资金总量等于减去存款准备金后的名义存款，表达式为

$$L_t=(1-e)B_{1,t}$$

其中，e 为中央银行法定存款准备金率。上式两边同时除以价格 P_t，得到实际可贷资金总量 l_t 为

$$l_t=(1-e)b_{1,t} \tag{5.26}$$

其中，$l_t=L_t/P_t$。商业银行向缺乏耐心家庭和住房开发企业提供实际信贷量分别为 $b_{2,t}$ 和 $b_{e,t}$，实际信贷量的总和刚好等于实际可贷资金总量（$b_{2,t}+b_{e,t}=l_t$）。

为了追求利润最大化，商业银行会调整信贷量，从而产生调整成本。

第5章　货币政策调控住房市场的规则选择研究

当缺乏耐心家庭和住房开发企业经营不善和破产等原因导致违约发生时，为了满足巴塞尔协议等法规对银行资本充足率的要求，商业银行往往会调整信贷量；另一方面，当经济形势预期从积极转变为消极时，由于不能有效控制缺乏耐心家庭和住房开发企业的信贷风险，商业银行也会调整信贷量。参考Hülsewig等[95]以及Atta-Mensah和Dib[96]的研究，商业银行会对贷款和存款的数量进行调整，以保证其经营中达到相应的资本充足率，如通行的对商业银行资本充足率要求的巴塞尔协议，由于存款量的调整，使得商业银行的资本成本形成了黏性，这一黏性最终导致了商业银行的利率调整是渐进的。本章拟以新凯恩斯主义经济理论为基础，在新凯恩斯DSGE模型框架下，引入信贷调整成本来模拟商业银行的经营过程。其中，信贷调整成本为

$$\mathrm{LAC}_t = \frac{g}{2}\left(\frac{l_t}{l_{t-1}}-1\right)^2 l_{t-1}$$

其中，g为信贷调整成本系数。利润最大化问题为

$$\max E_0 \sum_{t=0}^{\infty} \beta_1^t (R_t^L l_t - R_t b_{1,t} - \mathrm{LAC}_t)$$

s.t. $l_t = (1-e)b_{1,t}$

一阶条件为

$$R_t^L - \frac{R_t}{1-e} - g\left(\frac{l_t}{l_{t-1}}-1\right) = b_1\left[\frac{g}{2}\left(\frac{l_{t+1}}{l_t}-1\right)^2 - g\left(\frac{l_{t+1}}{l_t}-1\right)\frac{l_{t+1}}{l_t}\right] \quad (5.27)$$

由于商业银行的出现，贷款利率不再等于存款利率，出现了存贷款利率差，等同于在经济中加入了一个利率的加成影响。商业银行架起存贷、抵押以及中央银行之间的桥梁。

5.1.6 中央银行

货币政策操作规范有两大基本类型:"相机抉择"和按"规则"行事,二者之争跨越了一个世纪,最终规则占据了上风。如今,货币政策规则不仅在理论研究上成了研究热点,而且在实践中日益被各国的中央银行所采用。中央银行综合运用数量调控型和价格调控型货币政策工具。数量调控型工具和价格调控型工具均可以用来表征我国货币政策。由于货币供给量是我国货币政策操作目标之一,本章将上一期的名义货币供给增长率 O_{t-1} 加入货币政策规则。参照刘斌[99]模型中对我国扩展 Taylor 规则的设定,本章采用扩展 Taylor 规则,包含中央银行调整利率的平滑行为。扩展的 Taylor 规则的形式为

$$1+R_t=(1+\bar{R})^{1-\rho_R}(1+R_{t-1})^{\rho_R}\left[\left(\frac{\pi_t}{\bar{\pi}}\right)^{R_\pi}\left(\frac{Y_t}{\bar{Y}}\right)^{R_Y}\left(\frac{O_{t-1}}{\bar{O}}\right)^{R_o}\right]^{1-\rho_R}e^{\mu_{R,t}} \quad (5.28)$$

其中,加入滞后的利率变量主要是考虑中央银行在调整利率时具有的惯性,即其对利率具有平滑(smoothing)的作用。稳态值 $\bar{R}=1/\beta_1$;货币供给增长率 $O_t=m_t\pi_t/m_{t-1}$;R_π,R_Y,R_o;分别为利率对通货膨胀率、产出和货币供给增长率的反应系数;$\rho_R \in (-1,1)$ 为正向货币政策冲击持续性;$\mu_{R,t}$ 为均值为 0、方差为 σ_R^2 的白噪声。

5.1.7 市场出清

假设耐心和缺乏耐心家庭实际持有的货币资产总和等于实际货币供给量;住房总量为 1;总产出满足耐心和缺乏耐心家庭以及住房开发企业的消费和投资需求。

$$m_{1,t}+m_{2,t}=m_t \quad (5.29)$$

$$H_{1,t}+H_{2,t}+H_{e,t}=1 \quad (5.30)$$

$$C_{1,t}+C_{2,t}+C_{e,t}+I_{K_t}+I_{H_1,t}+I_{H_2,t}+I_{H_e,t}=Y_t \tag{5.31}$$

5.2 变量稳态方程组、参数估计和稳健性检验

5.2.1 变量稳态方程组

由于 CES 效用函数不易对数线性化，本章直接对水平形式的非线性随机差分方程组进行估计。根据变量稳态值与所在时期无关，比如 $C_{1,t}=C_{1,t+1}=\bar{C}_1$，对方程组中所有内生变量均作此变换得到内生变量的稳态方程组。为了便于计算，本章将产出 Y_t 标准化为1，即产出稳态值 $\bar{Y}$ 为1，然后将所有内生变量稳态值均用产出稳态值 $\bar{Y}$ 表示。其中，住房价格与产出稳态值比值为房价收入比，消费与产出稳态值比值为消费率，投资与产出稳态值比值为投资率。数据处理和分析软件为 Matlab 软件包 Dynare 4.5.0。参考梁璐璐等[88]的研究，住房偏好冲击稳态值 $\bar{j}$ 为 0.4。参考赵胜民和罗琦[43]的研究，缺乏耐心家庭的贷款价值比稳态值 $\bar{d}_2$ 为 0.8。参考陈名银和林勇[89]的研究，住房开发企业的贷款价值比稳态值 $\bar{d}_e$ 为 0.5。

5.2.2 参数估计

本章分别采用直接经验校准、VAR 模型和 Bayesian 估计以及福利分析对各个参数进行估计。首先，本章选择国内外经典文献中的参数值，直接经验校准稳态方程组中的参数。其中，对于出现在稳态方程组中的动态参数，我们同样需要给出其校准值。

表 5.1 稳态参数校准

参数	参数含义	校准值	参数	参数含义	校准值
β_1, β_2, β_e	无信贷约束家庭、受信贷约束家庭和住房开发企业主观贴现率	0.99, 0.97, 0.98	e	法定存款准备金率	0.01
ζ	家庭消费风险厌恶系数	0.2	g	信贷调整成本系数	0.1
ε	住房和消费替代弹性	0.59	R_π	货币政策对通胀的反应系数	1.31
η	劳动供给弹性	0.01	R_Y	货币政策对产出的反应系数	0.78
χ	货币需求系数	0.01	R_O	货币政策对货币供给的反应系数	0.64
γ	货币需求利率弹性的倒数	3	ρ_j	住房偏好冲击持续性	0.2987
μ	资本产出弹性	0.4	ρ_A	技术冲击持续性	0.7453
ν	住房产出弹性	0.012	ρ_τ	通货膨胀冲击持续性	0.9102
α	无信贷约束家庭工资份额	0.64	ρ_R	货币政策冲击持续性	0.5236
δ	资本折旧率	0.035	σ_j	住房偏好冲击标准差	0.0592
ψK	资本调整成本系数	1.5	σ_A	技术冲击标准差	0.0486
φ	中间产品替代弹性	11	σ_τ	通货膨胀冲击标准差	0.0094
θ	价格刚性参数	0.66	σ_R	货币政策冲击标准差	0.0069

其次，本章共有四个外生冲击，分别为住房偏好冲击、技术冲击、通货膨胀冲击和货币政策冲击。为了研究最优货币政策调控住房市场的有效性，我们还需要各个冲击的持续性和标准差。其中，对于技术冲击，本章选择国内外经典文献中的参数值得到技术冲击的持续性和标准差。对于住房偏好冲击、通货膨胀冲击和货币政策冲击，参考李巍和张志超[111]的研究，本章引入变量实际商品住宅平均销售价格变动率（j_t）、银行间同业拆借加权平均利率（R_t）以及城镇通货膨胀率（τ_t），构建VAR模型以估计得到住房偏好冲击、通货膨胀冲击和货币政策冲击的持续性和标准差。一般情形下，使用全国房屋销售价格指数作为住房价格代理变量较合适。由于统计制度调整，自从2011年以来，国家统计局停止发布全国房屋销售价格指数数据。由此本章使用商品住宅平均销售价格作为其代理变量。参考况伟大[38]与李成武[112]的研究，本章采用商品住宅平均销售价格反映

第 5 章 货币政策调控住房市场的规则选择研究

住房价格变动。这里需要进一步说明的是，商品住宅平均销售价格与真实销售价格不同，前者是真实销售价格的均值，然而真实销售价格数据获得不到，本章以平均销售价格近似替代。本章计算商品住宅销售额与商品住宅销售面积比值得到商品住宅平均消费价格，然后利用城市 CPI（2002 年 =100）得到实际商品住宅平均消费价格，进而得到实际商品住宅平均消费价格变动率，以反映实际住房价格变动。本章使用银行间同业拆借加权平均利率反映名义利率变动，利用城市 CPI 除以 100 得到城镇通货膨胀率。我们对城市 CPI（上年同月 =100）三个月月度数据进行算术平均得到相应季度数据。由于银行间同业拆借加权平均利率为水平值，本章采用 X-11 加法模型进行季节调整。时间跨度为 2003 年第 3 季度至 2018 年第 2 季度。数据来自国家统计局和中经网的中国经济统计数据库。数据处理和分析软件为 Eviews 10.0。

由于 VAR 模型的估计要求所有变量均平稳，在构建 VAR 模型之前，本章利用变量单位根（ADF）检验方法来检验变量的平稳性，如表 5.2 所示。

表 5.2　变量单位根（ADF）检验结果

变量	检验类型	P 值	结论
j_t	（C, 0, 7）	0.0013***	平稳
R_t	（C, 0, 0）	0.0024***	平稳
τ_t	（C, 0, 1）	0.0013***	平稳

注：检验类型括号中的（C, T, K）表示检验平稳性时估计方程中的常数项、时间趋势项和滞后期数。其中，滞后期数由 SC 准则确定，最大滞后期数为 10。统计量 P 值为拒绝原假设的最小显著性水平。***、** 和 * 分别表示 1%、5% 和 10% 的显著性水平。

从表 5.2 可以看出，实际商品住宅平均销售价格变动率（j_t）、银行间同业拆借加权平均利率（R_t）以及城镇通货膨胀率（τ_t）变量在 5% 显著性水平下均显著。由于滞后 1 期的 SC 值最小，本章构建滞后 1 期的 VAR 模型得到住房偏好冲击、通货膨胀冲击和货币政策冲击的持续性和标准差。

住房市场的财富效应研究

VAR 模型估计结果为

$$\begin{bmatrix} j_t \\ R_t \\ \tau_t \end{bmatrix} = \begin{bmatrix} 0.2690 & -2.4782 & -1.4669 \\ 0.0143 & 0.5376 & 0.0903 \\ 0.0469 & 0.1508 & 0.9002 \end{bmatrix} \begin{bmatrix} j_{t-1} \\ R_{t-1} \\ \tau_{t-1} \end{bmatrix} + \begin{bmatrix} 1.6142 \\ -0.0821 \\ 0.0959 \end{bmatrix} \quad (5.32)$$

由式（5.32）可以得到，ρ_j=0.2690，ρ_R=0.5376，ρ_τ=0.9002。通过计算残差的标准差可以得到，σ_j=0.0563，σ_R=0.0072，σ_τ=0.093。

然后，本章运用 Bayesian 估计得到出现在稳态方程组中的动态参数。Bayesian 估计的具体步骤为首先利用似然函数和参数的先验分布得到待估参数的后验分布，然后运用马尔科夫链蒙特卡洛 MCMC 方法得到参数估计值。为避免 Bayesian 估计中的奇异性问题，所选观测变量的个数必须不大于外生冲击的个数。可观测变量为实际商品住宅平均销售价格、银行间同业拆借加权平均利率、城镇通货膨胀率和 M_2 增长率。

表 5.3 动态参数的 Bayesian 估计

参数	先验分布	事后均值	事后区间
θ	B（0.66, 0.1）	0.9386	[0.9346, 0.9411]
α	B（0.64, 0.1）	0.8201	[0.8105, 0.8303]
ρ_j	B（0.75, 0.1）	0.9743	[0.9716, 0.9764]
ρ_A	B（0.75, 0.1）	0.9601	[0.9572, 0.9628]
ρ_τ	B（0.75, 0.1）	0.8897	[0.8741, 0.8991]
ρ_R	B（0.50, 0.2）	0.9943	[0.9938, 0.9948]
R_π	Γ（5, 1）	4.1481	[4.0236, 4.2494]
R_Y	Γ（5, 1）	0.0393	[0.0372, 0.0420]
R_O	Γ（1, 0.5）	0.6793	[0.6466, 0.7014]
σ_j	Γ^{-1}（0.01, ∞）	11.5055	[11.2408, 11.7390]
σ_A	Γ^{-1}（0.01, ∞）	0.5940	[0.5042, 0.6964]
σ_τ	Γ^{-1}（0.01, ∞）	0.0164	[0.0141, 0.0189]
σ_R	Γ^{-1}（0.01, ∞）	0.0061	[0.0053, 0.0070]

最后，本章运用福利分析方法得到货币政策规则方程的最优反应系数。参考刘斌[99]与谷慎和岑磊[116]的研究，货币政策规则下的福利损失函数为

$$WL = \sigma_\pi^2 + \phi_Y \sigma_Y^2 + \phi_{\Delta R} \sigma_{\Delta R}^2 \quad (5.33)$$

第5章 货币政策调控住房市场的规则选择研究

其中，σ_π^2，σ_Y^2，$\sigma_{\Delta R}^2$ 分别为通货膨胀率、产出和利率变动的渐进方差；ϕ_Y，$\phi_{\Delta R}$ 分别为 σ_Y^2、$\sigma_{\Delta R}^2$ 的反应系数，分别为产出和利率变动相对于通货膨胀率的权重。在福利损失函数中之所以加入利率变动，主要是为了防止利率的大幅变动对金融系统及整个经济造成的不稳定影响。参考金成晓和马丽娟[117]的研究，本章按照两种参数进行排列，一是，通货膨胀率的福利损失等于或者2倍于产出的福利损失；二是，通货膨胀率的福利损失2倍于或者4倍于利率变动的福利损失。考虑如下四种供选择的权重方案：

（1）$WL=\sigma_\pi^2+\sigma_Y^2+0.5\sigma_{\Delta R}^2$ （2）$WL=\sigma_\pi^2+0.5\sigma_Y^2+0.5\sigma_{\Delta R}^2$

（3）$WL=\sigma_\pi^2+\sigma_Y^2+0.25\sigma_{\Delta R}^2$ （4）$WL=\sigma_\pi^2+0.5\sigma_Y^2+0.25\sigma_{\Delta R}^2$

通过选择货币政策工具使损失函数达到最小值。计算结果如表5.4所示。表5.4中，"估计损失"列表示的是各参数值取后验均值时估计得到的货币政策福利损失。"最小损失"列表示的是货币政策反应函数在特定的目标函数下所能得到的最小损失，是各参数取最优值时估计的结果，即最优规则的福利损失值。R_π，R_Y，R_O 分别是最优规则中各参数的取值。

表5.4 不同损失函数的估计损失和最小损失比较

损失函数	估计损失	最小损失	R_π	R_Y	R_O
（1）	0.0153	0.0113	1.0139	1.1682	0.5055
（2）	0.0078	0.0094	1.3100	0.7800	0.6400
（3）	0.0153	0.0112	1.0133	1.1761	0.5038
（4）	0.0078	0.0092	1.3100	0.7800	0.6400

从福利的角度来看，货币政策应该以社会福利达到最优为目标。

$$(\phi_Y^*,\ \phi_{\Delta R}^*,\ R_\pi^*,\ R_Y^*,\ R_O^*)=\arg\min WL(\phi_Y,\ \phi_{\Delta R},\ R_\pi,\ R_Y,\ R_O) \quad (5.34)$$

在福利损失函数不同权重系数下，本章拟采用Bayesian估计方法分别得到不同货币政策规则方程中的反应系数，从而计算得到不同货币政策规则方程的实际福利损失值。然后，在福利损失函数不同权重系数下，本章拟利用Matlab软件包Dynare 4.5.4的最优简单规则OSR（optimal simple rules）工具箱分别计算得到使理论福利损失最小的不同货币政策规则方程的反应系数。最后，本章把计算得到的不同货币政策规则方程的实际福利损失和最小理论福利损失进行比较，分别得到福利损失函数的最优权重系数和货币政策规则方程的最优反应系数，从而确定了我国最优福利损失函数和货币政策规则。

从表5.4可以看出，最优福利损失函数中产出相对于通货膨胀率的权重 ϕ_Y^* 为0.5，利率变动相对于通货膨胀率的权重 $\phi_{\Delta R}^*$ 为0.25，即最优福利损失函数中通货膨胀率的福利损失2倍于产出的福利损失，而4倍于利率变动的福利损失。最优货币政策规则中利率对通货膨胀率、产出和货币供给增长率的反应系数 R_π^*，R_Y^*，R_O^* 分别为1.31、0.78和0.64。

5.2.3 稳健性检验

为了检验模型结果的稳健性，本章对采用两个样本期的样本数据时模型的动态参数贝叶斯估计以及后续的脉冲响应结果进行比较。除了上文采用的2003年第3季度至2018年第2季度的四个观测变量数据，本章还采用2002年第3季度至2017年第2季度的四个观测变量数据进行稳健性检验。模型比较研究结果表明采用两个样本期的样本数据时，模型动态参数估计值相对稳定，且脉冲响应结果差别不大，差别仅在于内生变量响应程度的大小，这很可能是因为两个样本期中经济周期的波动不一致。

5.3 最优货币政策规则调控住房市场的有效性研究

本章拟选取房价收入比变量作为房价泡沫指标，通货膨胀率、家庭消费率、住房和资本投资率以及产出变量作为经济增长指标。基于货币政策规则方程的最优反应系数结果，本章分析房价收入比、通货膨胀率、家庭消费率、

第 5 章 货币政策调控住房市场的规则选择研究

住房和资本投资率以及产出变量对一单位标准差的正向货币政策冲击的脉冲响应,以研究最优货币政策规则调控住房市场的有效性,如图 5.2 所示。

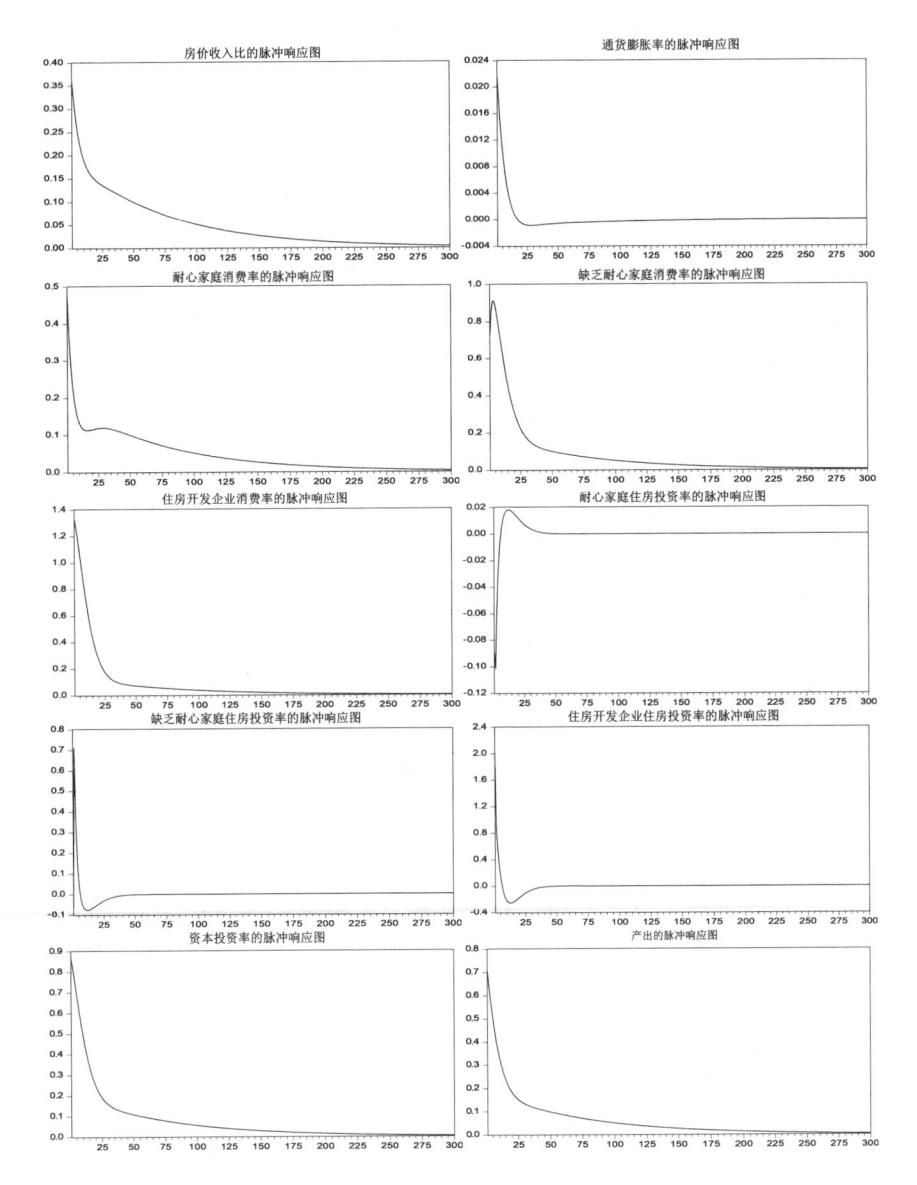

图 5.2 部分内生变量对一单位标准差的正向货币政策冲击的脉冲响应图

从图 5.2 可以看出,正向货币政策冲击会使房价收入比在当期上涨。

这很可能是因为正向货币政策冲击会提高货币供给量和降低利率。其中，货币供给量的增加会通过增加银行信贷规模提高房价收入比，且利率的下降会通过降低家庭还贷额和企业融资成本提高房价收入比。住房产业作为支柱产业，住房价格上涨最终会带动食品、家庭设备及日用品等消费品价格的上涨，从而使通货膨胀在当期上涨。与耐心家庭相比，缺乏耐心家庭和住房开发企业消费率对正向货币政策冲击的脉冲响应在当期上涨得更多。由此正向货币政策冲击使住房价格上涨通过直接财富效应显著提高耐心家庭消费率，且通过资产负债表效应显著提高缺乏耐心家庭和住房开发企业消费率。由于耐心家庭预期住房价格将会下跌，耐心家庭会延后消费，增加储蓄以在住房价格下降时购买住房，从而会降低住房投资率。而缺乏耐心家庭和住房开发企业预期住房价格将会上涨，缺乏耐心家庭和住房开发企业依靠商业银行个人住房贷款购买住房，并不会通过长期的储蓄来购买住房，从而会提高住房投资率。正向货币政策冲击会通过降低利率提高资本投资率。由此正向货币政策冲击使住房价格上涨通过托宾 q 效应显著提高资本投资率。由于正向货币政策冲击均会使家庭和住房开发企业消费率在当期上涨，且缺乏耐心家庭和住房开发企业住房投资率以及资本投资率在当期上涨，正向货币政策冲击会使产出在当期上涨。

综上所述，当前持续的扩张性货币政策可能会捅破住房价格泡沫，从而引发系统性金融风险。紧缩性货币政策虽然能抑制住房价格泡沫，但会引发经济硬着陆风险。

5.4 货币政策的调控力度研究

如何调控住房市场以防范系统性金融风险和经济硬着陆风险，已成为各国政府和经济学家们的棘手难题。权衡在防范系统性金融风险和经济硬

第5章 货币政策调控住房市场的规则选择研究

着陆风险之间的两难选择是当前政府和学术界紧迫需要解决的问题。从理论上看，房价收入比可以用来考察我国房价泡沫引发的系统性金融风险。房价收入比越高，房价泡沫越高，则总体上城镇家庭按揭买房后在规定期限内按时支付足额的月供给商业银行的能力越差，其中更多收入低于一定水平的城镇家庭申请了按揭贷款后，便不可能在规定期限内按时支付足额的月供给商业银行，商业银行面临的违约风险就越大；房价收入比高到一定程度，即房价泡沫达到一定程度，则银行体系很可能面临系统性金融风险，从而酿成金融危机。因此，本章拟选取房价收入比作为度量我国房价泡沫较为合理的指标。我们将构建一个模型，从理论上找到平均而言我国城镇家庭能够合理承受的最大房价收入比。一旦找到此比值，我们将其与运用统计数据得到的我国城市现实的房价收入比相比较，即可以度量出当前我国住房市场泡沫的程度。

首先，我国绝大部分城镇家庭申请的按揭贷款的还款方式是"等额本息法"，即商业银行把按揭贷款的本金总额与按揭期间的利息总额相加，然后平均分摊到还款期间的每个月中，按揭贷款申请人每个月偿付给商业银行一笔固定金额。基于此，我们构建房价收入比合理上限的理论模型，以计算得到我国城镇房价收入比的合理上限。住房价格为首付款和分期付款折现值的加总，具体为

$$q = kq + \sum_{j=1}^{n} \frac{X}{(1+i)^j} = kq + \frac{X\left[(1+i)^n - 1\right]}{i(1+i)^n} \quad (5.35)$$

其中，q 为住房价格，k 为城镇家庭按揭贷款的首付比例，X 为在等额本息法下城镇家庭每月应支付的月供，i 为月利率，n 为还款期限，Y 为城镇家庭年可支配收入。

假设城镇家庭每月可支配收入中除用于消费支出外，全部用来支付月供，则有

$$X = \frac{aY}{12} = \frac{(1-b)Y}{12} \tag{5.36}$$

其中，a 为城镇家庭月可支配收入中可用于支付月供的比例，b 为城镇家庭平均消费倾向。整理可得理论上确定城镇家庭能承受的房价收入比合理上限为

$$\frac{q}{Y} = \frac{(1-b)\left[(1+i)^n - 1\right]}{12i(1-k)(1+i)^n} \tag{5.37}$$

其中，b 为城镇居民平均消费倾向，由城镇居民人均可支配收入和人均消费性支出数据计算得到；由于 n 一般为 20、25 和 30 年，本章取 n 为 30 年；i 为月利率，由五年期以上贷款基准利率除以 12 计算得到。由于同一年可能存在多个五年期以上贷款基准利率，本章取所有可能的贷款基准利率平均值作为贷款基准利率值；由于 k 一般为 20%、30% 和 40%，本章取 k 为 30%。本章构建房价收入比合理上限的理论模型，依据当前城镇家庭平均消费倾向、按揭贷款利率水平、按揭贷款占主导地位的期限和首付款比例区间，得到当前城镇家庭理论上能承受的房价收入比合理上限。

然后，本章采用时间序列数据，依据房价收入比实际上限 = 商品住宅平均单套价格 / 城镇家庭平均可支配年收入 =（商品住宅平均销售价格 × 商品住宅平均单套销售面积）/（城镇家庭人均可支配收入 × 家庭户均人口数）计算公式，计算出 35 个大中城市住房的房价收入比，从而平均得到我国房价收入比实际上限。由于 2002—2016 年商品住宅销售套数数据缺失，本章假设 2002—2016 年商品住宅平均单套销售面积为 100 ㎡。由于 35 个大中城市的城镇家庭人均可支配收入和城镇家庭户均人口数收集不全，所以均取全国平均水平。由于 2010 年全国家庭户均人口数缺失，本章取 2010 年全国家庭户均人口数为 3 人。数据来源于国家统计局。

最后，依据房价泡沫 =（房价收入比实际上限 - 房价收入比合理上限）×

100%/ 房价收入比合理上限计算公式，计算出 2002—2016 年 35 个大中城市房价泡沫，从而平均得到 2002—2016 年房价泡沫，结果如表 5.5 所示。

表 5.5　2002—2016 年房价泡沫的变动趋势

单位：%

年份	合理上限	实际上限	房价泡沫
2002	4.319	8.678	100.906
2003	4.717	8.471	79.571
2004	4.750	8.542	79.817
2005	4.764	9.722	104.062
2006	4.931	9.883	100.410
2007	4.728	10.517	122.425
2008	5.089	9.761	91.806
2009	5.713	10.560	84.826
2010	5.759	12.315	113.833
2011	5.617	11.290	100.999
2012	5.866	10.411	77.486
2013	5.649	10.628	88.142
2014	5.887	10.046	70.634
2015	6.571	9.831	49.625
2016	7.031	10.566	50.276

本章构建 ARIMA（5，1，2）模型预测 2017—2021 年房价泡沫的变动趋势。其中，模型中解释变量 AR（1）、AR（5）、MA（1）、MA（5）的系数均在 10% 显著性水平上显著，且残差通过白噪声检验。对 2017—2021 年房价泡沫的预测结果如表 5.6 所示。

表 5.6　2017—2021 年房价泡沫的预测值

单位：%

年份	2017	2018	2019	2020	2021
房价收入比	36.573	42.104	48.692	35.136	45.430

从表 5.6 可以看出，我国房价泡沫先从 2016 年的 50.276% 下降至

2017年的36.573%,然后逐年增加至2019年的48.692%,随后又开始下降。因此,2019—2021年期间,2019年我国系统性金融风险最大。政府实施的紧缩性货币政策调控力度最大,以防范系统性金融风险。而2020年我国系统性金融风险最小,政府实施的紧缩性货币政策调控力度最小,甚至可能实施扩张性货币政策,以防范经济硬着陆风险。

5.5 本章小结

本章以新凯恩斯主义经济理论为基础,构建包括耐心家庭、缺乏耐心家庭、住房开发企业、最终产品厂商、商业银行和中央银行六个微观经济主体的新凯恩斯DSGE模型研究货币政策调控住房市场的规则选择。其中,本章运用福利分析方法得到货币政策规则方程的最优反应系数。最优简单规则OSR工具箱研究结果表明最优福利损失函数中通货膨胀率的福利损失2倍于产出的福利损失,而4倍于利率变动的福利损失。最优货币政策规则中利率对通货膨胀率、产出和货币供给增长率的反应系数R_π^*、R_Y^*、R_O^*分别为1.31、0.78和0.64。脉冲响应图结果表明当前持续的扩张性货币政策可能会捅破住房价格泡沫,从而引发系统性金融风险。紧缩性货币政策虽然能抑制住房价格泡沫,但会引发经济硬着陆风险。

然后,由于房价泡沫的度量是研究货币政策调控力度的前提,本章选取房价收入比作为度量我国房价泡沫较为合理的指标。我们构建了一个模型,从理论上找到平均而言我国城镇家庭能够合理承受的最大房价收入比。本章构建ARIMA(5,1,2)模型预测2017—2021年房价泡沫的变动趋势。

进一步地,基于最优货币政策调控住房市场的有效性以及房价泡沫的度量研究结果,本章试图为政府提供随房价泡沫变动的调控力度政策建议,以权衡在防范系统性金融风险和经济硬着陆风险之间的两难选择。ARIMA模型结果表明2019—2021年期间，2019年我国系统性金融风险最大。政府实施的紧缩性货币政策调控力度最大，以防范系统性金融风险。而2020年我国系统性金融风险最小，政府实施的紧缩性货币政策调控力度最小，甚至可能实施扩张性货币政策，以防范经济硬着陆风险。

第6章 货币政策对住房市场财富效应的影响研究[①]

本章以宏观经济学理论为基础,阐述双支柱政策的住房价格传导机制;然后,本章以新凯恩斯主义经济理论为基础,构建包括无信贷约束家庭、受信贷约束家庭、住房开发企业、最终产品厂商、商业银行和中央银行六个微观经济主体的新凯恩斯 DSGE 模型比较研究预期到的和未预期到的货币政策冲击对住房市场财富效应的影响差异;最后,本章通过比较研究受信贷约束家庭贷款价值比稳态值降低前后来研究限贷背景下预期到的货币政策冲击对住房市场财富效应的影响。

6.1 双支柱政策的住房价格传导机制

住房价格不仅受到刚性需求的影响,也会受到货币政策宽松或者紧缩的影响,同时还会受到以限贷实施和放松为核心的宏观审慎政策的影响。

---

① 本章已发表在北大核心期刊《武汉金融》2019 年第 5 期,第 13—20 页。以独立作者身份发表的论文题目为"货币政策调控住房市场的规则选择研究"。

第6章 货币政策对住房市场财富效应的影响研究

其中刚性需求决定住房价格的长期趋势，而双支柱政策影响住房价格的周期性波动。双支柱政策的住房价格传导机制指的是贷款价值比和货币供给量通过银行信贷影响住房价格和房价收入比，而利率通过还贷额和融资成本影响住房价格和房价收入比，随后住房价格通过财富效应和托宾 q 效应影响消费和投资实体经济活动，最后通过总需求影响产出和通货膨胀率以实现经济增长和物价稳定的传导过程，如图 6.1 所示。

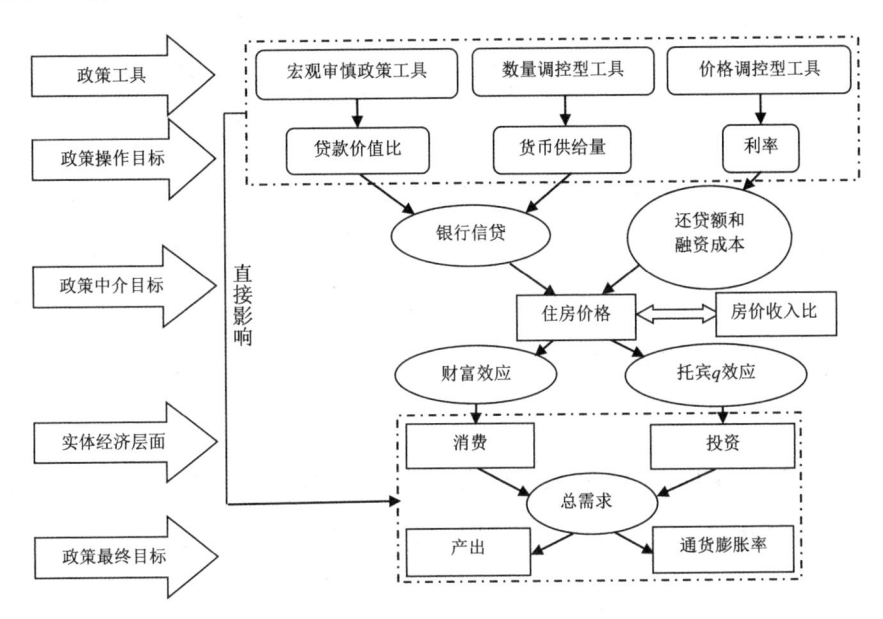

图 6.1 双支柱政策的住房价格传导机制

中央银行运用数量和价格调控型工具与宏观审慎政策工具，对贷款价值比、货币供给量和利率产生影响，而贷款价值比、货币供给量和利率变动会直接和通过双支柱政策的住房价格传导机制间接影响产出和通货膨胀率。

6.2 DSGE 模型基本框架

参考王勇[63]的研究,本章构建的 DSGE 模型基本框架如下。

6.2.1 无信贷约束家庭

无信贷约束家庭的效用最大化问题为

$$\max_{\{B_{1,t},C_{1,t},H_{1,t},N_{1,t},M_{1,t}\}_{t=0}^{\infty}} E_0 \sum_{t=0}^{\infty} \beta_1^t \left\{ \frac{1}{1-\varsigma} \left[\left(C_{1,t}^{\frac{\varepsilon-1}{\varepsilon}} + j_t H_{1,t}^{\frac{\varepsilon-1}{\varepsilon}} \right)^{\frac{\varepsilon}{\varepsilon-1}} \right]^{1-\varsigma} - \frac{N_{1,t}^{1+\eta}}{1+\eta} + \chi \frac{m_{1,t}^{1-\gamma}}{1-\gamma} \right\}$$

其中,β_1 为主观贴现率;ς 为风险厌恶系数;$C_{1,t}$ 为消费;ε 为替代弹性;j_t 为住房偏好比重;$H_{1,t}$ 为住房需求;$N_{1,t}$ 为劳动供给;η 为劳动供给弹性;χ 为货币需求系数;$m_{1,t}$ 为实际持有的货币资产;$-1/\gamma$ 为货币需求利率弹性。住房偏好冲击的随机过程为

$$\ln j_t = (1-\rho_j)\ln \bar{j} + \rho_j \ln j_{t-1} + \mu_{j,t} \tag{6.1}$$

其中,$\rho_j \in (-1,1)$ 为冲击持续性;住房偏好冲击稳态值 $\bar{j} > 0$;$\mu_{j,t}$ 为均值为 0、方差为 σ_j^2 的白噪声。无信贷约束家庭面临的预算约束为

$$P_t C_{1,t} + (H_{1,t} - H_{1,t-1})Q_t + B_{1,t} = W_t N_{1,t} + R_{t-1} B_{1,t-1} + P_t F_t - \Delta M_{1,t}$$

其中,P_t 为价格;W_t 为工资;$R_{t-1}B_{1,t-1}$ 为无信贷约束家庭从商业银行得到的存款利息;$P_t F_t$ 为从最终产品厂商得到的红利;$\Delta M_{1,t}$ 为向中央银行上缴的铸币税。无信贷约束家庭面临的实际预算约束为

$$C_{1,t} + I_{H_{1,t}} + b_{1,t} = w_{1,t} N_{1,t} + \frac{R_{t-1} b_{1,t-1}}{\pi_t} + F_t - (m_{1,t} - m_{1,t-1}/\pi_t) \tag{6.2}$$

其中,$I_{H_{1,t}}$ 为住房投资,且 $I_{H_{1,t}} = (H_{1,t} - H_{1,t-1})q_t$,$q_t$ 为实际住房价格;实际存款 $b_{1,t} = B_{1,t}/P_t$;$w_{1,t}$ 为实际工资;通货膨胀 $\pi_t = P_t/P_{t-1}$。求解效用最大化问题得到一阶条件为

第6章 货币政策对住房市场财富效应的影响研究

$$1=E_t\left(\frac{U_{C_{1,t+1}}}{U_{C_{1,t}}}\frac{\beta_1 R_t}{\pi_{t+1}}\right) \qquad (6.3)$$

$$\frac{U_{H_{1,t}}}{U_{C_{1,t}}}=q_t-\frac{\pi_{t+1}}{R_t}q_{t+1} \qquad (6.4)$$

$$w_{1,t}=\frac{N_{1,t}^\eta}{U_{C_{1,t}}} \qquad (6.5)$$

$$\chi m_{1,t}^{-\gamma}+\beta_1 U_{C_{1,t+1}}/\pi_{t+1}=U_{C_{1,t}} \qquad (6.6)$$

其中,$U_{C_{1,t}}=\left(C_{1,t}^{\frac{\varepsilon-1}{\varepsilon}}+j_t H_{1,t}^{\frac{\varepsilon-1}{\varepsilon}}\right)^{\frac{1-\varsigma\varepsilon}{\varepsilon-1}}C_{1,t}^{-\frac{1}{\varepsilon}}$,$U_{H_{1,t}}=\left(C_{1,t}^{\frac{\varepsilon-1}{\varepsilon}}+j_t H_{1,t}^{\frac{\varepsilon-1}{\varepsilon}}\right)^{\frac{1-\varsigma\varepsilon}{\varepsilon-1}}H_{1,t}^{-\frac{1}{\varepsilon}}j_t$。

6.2.2 受信贷约束家庭

受信贷约束家庭的效用最大化问题为

$$\max_{\{B_{2,t},C_{2,t},H_{2,t},N_{2,t},M_{2,t}\}_{t=0}^\infty} E_0\sum_{t=0}^\infty \beta_2^t\left\{\frac{1}{1-\varsigma}\left[\left(C_{2,t}^{\frac{\varepsilon-1}{\varepsilon}}+j_t H_{2,t}^{\frac{\varepsilon-1}{\varepsilon}}\right)^{\frac{\varepsilon}{\varepsilon-1}}\right]^{1-\varsigma}-\frac{N_{2,t}^{1+\eta}}{1+\eta}+\chi\frac{m_{2,t}^{1-\gamma}}{1-\gamma}\right\}$$

$$\text{s.t.} C_{2,t}+I_{H_{2,t}}+\frac{R_{t-1}^L b_{2,t-1}}{\pi_t}=w_{2,t}N_{2,t}+b_{2,t}-(m_{2,t}-m_{2,t-1}/\pi_t) \qquad (6.7)$$

$$R_{t-1}^L b_{2,t}\leq d_2 E_t(q_{t+1}\pi_{t+1}H_{2,t}) \qquad (6.8)$$

其中,$R_{t-1}^L b_{2,t-1}/\pi_t$ 为商业银行从受信贷约束家庭得到的贷款利息;$(m_{2,t}-m_{2,t-1}/\pi_t)$ 为向中央银行上缴的实际铸币税。$I_{H_{2,t}}$ 为住房投资,且 $I_{H_{2,t}}=(H_{2,t}-H_{2,t-1})q_t$;$d_2$ 为贷款价值比。求解效用最大化问题得到一阶条件为

$$U_{C_{2,t}}=R_t^L\lambda_{2,t}+U_{C_{2,t+1}}\frac{\beta_2 R_t^L}{\pi_{t+1}} \qquad (6.9)$$

$$q_t=\frac{U_{H_{2,t}}}{U_{C_{2,t}}}+E_t\left(\beta_2\frac{U_{C_{2,t+1}}}{U_{C_{2,t}}}q_{t+1}+\frac{\lambda_{2,t}}{U_{C_{2,t}}}d_2 q_{t+1}\pi_{t+1}\right) \qquad (6.10)$$

$$w_{2,t}=\frac{N_{2,t}^{\eta}}{U_{C_{2,t}}} \tag{6.11}$$

$$\chi m_{2,t}^{-\gamma}+\beta_2 U_{C_{2,t+1}}/\pi_{t+1}=U_{C_{2,t}} \tag{6.12}$$

其中，$U_{C_{2,t}}=\left(C_{2,t}^{\frac{\varepsilon-1}{\varepsilon}}+j_tH_{2,t}^{\frac{\varepsilon-1}{\varepsilon}}\right)^{\frac{1-\varsigma\varepsilon}{\varepsilon-1}}C_{2,t}^{-\frac{1}{\varepsilon}}$，$U_{H_{2,t}}=\left(C_{2,t}^{\frac{\varepsilon-1}{\varepsilon}}+j_tH_{2,t}^{\frac{\varepsilon-1}{\varepsilon}}\right)^{\frac{1-\varsigma\varepsilon}{\varepsilon-1}}H_{2,t}^{-\frac{1}{\varepsilon}}j_t$，$\lambda_{2,t}$ 为式（6.8）的拉格朗日乘数。

6.2.3 住房开发企业

生产函数为

$$Y_t=A_tK_{t-1}^{u}H_{e,t-1}^{v}N_{1,t}^{\alpha(1-u-v)}N_{2,t}^{(1-\alpha)(1-u-v)} \tag{6.13}$$

其中，Y_t 为产出；A_t 为技术；K_{t-1} 为上期资本；$H_{e,t-1}$ 为上期住房需求，住房进入住房开发企业生产函数，形成生产能力，而住房进入家庭效用函数，转化为效用；u 为资本产出弹性；v 为住房产出弹性；α 为无信贷约束家庭工资份额。技术冲击的随机过程为

$$\ln A_t=(1-\rho_A)\ln\bar{A}+\rho_A\ln A_{t-1}+\mu_{A,t} \tag{6.14}$$

其中，$\rho_A\in(-1,1)$ 为冲击持续性；$\mu_{A,t}$ 为均值为 0、方差为 σ_A^2 的白噪声。资本积累方程为

$$K_t=(1-\delta)K_{t-1}+I_{K_t} \tag{6.15}$$

其中，I_{K_t} 为资本投资；δ 为资本折旧率。住房需求的积累过程为

$$q_tH_{e,t}=q_tH_{e,t-1}+I_{H_e,t}$$

其中，$I_{H_e,t}$ 为住房投资。参考赵胜民和罗琦[43]的研究，住房开发企业的决策问题为

$$\max_{\{B_{e,t},I_{K_t},K_t,H_{e,t},N_{1,t},N_{2,t}\}_{t=0}^{\infty}}E_0\sum_{t=0}^{\infty}\beta_e^t\ln C_{e,t}$$

预算约束为

$$\frac{Y_t}{X_t} + b_{e,t} = C_{e,t} + \frac{R_{t-1}^L b_{e,t-1}}{\pi_t} + w_{1,t} N_{1,t} + w_{2,t} N_{2,t} + I_{K_t} + I_{He,t} + \xi_{K_t} \quad (6.16)$$

$$I_{K_t} = K_t - (1-\delta) K_{t-1}$$

$$I_{He,t} = (H_{e,t} - H_{e,t-1}) q_t$$

住房投资的交易成本 ξ_{K_t} 为

$$\xi_{K_t} = \frac{\psi_K}{2\delta} \left(\frac{I_{K_t}}{K_{t-1}} - \delta \right)^2 K_{t-1}$$

住房开发企业的信贷约束方程为

$$R_t^L b_{e,t} \leq d_e E_t (q_{t+1} \pi_{t+1} H_{e,t}) \quad (6.17)$$

其中，d_e 为贷款价值比。求解决策问题得到一阶条件为

$$\frac{1}{C_{e,t}} = E_t \left(\frac{\beta_e R_t^L}{\pi_{t+1} C_{e,t+1}} \right) + \lambda_{e,t} R_t^L \quad (6.18)$$

$$\lambda_{k,t} = \frac{1}{C_{e,t}} \left[1 + \frac{\psi_K}{\delta} \left(\frac{I_{K_t}}{K_{t-1}} - \delta \right) \right] \quad (6.19)$$

$$\lambda_{k,t} = \frac{\beta_e}{C_{e,t+1}} \left[\frac{\psi_K}{\delta} \left(\frac{I_{K_{t+1}}}{K_t} - \delta \right) \frac{I_{K_{t+1}}}{K_t} - \frac{\psi_K}{2\delta} \left(\frac{I_{K_{t+1}}}{K_t} - \delta \right)^2 \right]$$

$$+ \beta_e E_t \left[\frac{u Y_{t+1}}{C_{e,t+1} X_{t+1} K_t} + \lambda_{k,t+1} (1-\delta) \right] \quad (6.20)$$

$$\frac{q_t}{C_{e,t}} = E_t \left[\frac{\beta_e}{C_{e,t+1}} \left(\frac{v Y_{t+1}}{H_{e,t} X_{t+1}} + q_{t+1} \right) \right] + \lambda_{e,t} d_e q_{t+1} \pi_{t+1} \quad (6.21)$$

$$w_{1,t} = \frac{\alpha (1-u-v) Y_t}{X_t N_{1,t}} \quad (6.22)$$

$$w_{2,t} = \frac{(1-\alpha)(1-u-v) Y_t}{X_t N_{2,t}} \quad (6.23)$$

其中，$\lambda_{e,t}$ 和 $\lambda_{k,t}$ 均为拉格朗日乘数。

6.2.4 最终产品厂商

参考 Bernanke 等[93]的研究，最终产品厂商需求函数为

$$Y_t(z)=\left(\frac{P_t(z)}{P_t}\right)^{-\phi}Y_t^f$$

最终产品生产函数为

$$Y_t^f=\left(\int_0^1 Y_t(z)^{\frac{\phi}{\phi-1}}\mathrm{d}z\right)^{\frac{\phi}{\phi-1}}$$

其中，中间产品替代弹性 $\phi>1$。

利润最大化的一阶条件为

$$\sum_{i=0}^{\infty}\theta^i E_t\left[\beta_1\frac{C_{1,t}}{C_{1,t+i}}\left(\frac{\widetilde{P}_t(z)}{P_{t+i}}-\frac{X_t}{X_{t+i}}\right)\widetilde{Y}_{t+i}(z)\right]=0$$

其中，参考 Calvo[94]的研究，θ 为产品价格盯住上期通货膨胀的最终产品厂商所占的比重，为最终产品厂商的最优价格水平。最终产品价格为

$$P_t=\left[\theta P_{t-1}^{\phi}+(1-\theta)\widetilde{P}_t^{1-\phi}\right]^{\frac{1}{1-\phi}}$$

整理得到附加预期到的菲利普斯曲线为

$$\pi_t=\pi_{t+1}^{\beta_1}\left(\frac{X_t}{\overline{X}}\right)^{-K}\tau_t \tag{6.24}$$

其中，$k=(1-\theta)(1-\beta_1\theta)/\theta$；价格加成比例稳态值 $\overline{X}=\phi/(\phi-1)$；无信贷约束家庭实际红利所得为 $F_t=[(X_t-1)/X_t]Y_t$。通货膨胀冲击的随机过程为

$$\ln\tau_t=(1-\rho_\tau)\ln\overline{\tau}+\rho_\tau\ln\tau_{t-1}+\mu_{\tau,t} \tag{6.25}$$

其中，稳态值 $\overline{\tau}>0$；$\rho_\tau\in(-1,1)$ 为冲击持续性；$\mu_{\tau,t}$ 为均值为0、方差为 σ_τ^2 的白噪声。

6.2.5 商业银行

实际可贷资金总量 l_t 为

$$l_t=(1-e)b_{1,t} \tag{6.26}$$

其中，$l_t=L_t/P_t$，e 为中央银行法定存款准备金率，$b_{1,t}$ 为无信贷约束家庭的实际存款。

$$b_{2,t}+b_{e,t}=l_t$$

其中，$b_{2,t}$ 和 $b_{e,t}$ 分别为受信贷约束家庭和住房开发企业的实际贷款量。参考 Atta-Mensah 和 Dib[96] 的研究，信贷调整成本为

$$LAC_t=\frac{g}{2}\left(\frac{l_t}{l_{t-1}}-1\right)^2 l_{t-1}$$

其中，g 为信贷调整成本系数。商业银行的决策问题为

$$\max E_0 \sum_{t=0}^{\infty} \beta_1^t (R_t^L l_t - R_t b_{1,t} - LAC_t)$$

s.t. $l_t=(1-e)b_{1,t}$

求解决策问题得到

$$R_t^L-\frac{R_t}{1-e}-g\left(\frac{l_t}{l_{t-1}}-1\right)=\beta_1\left[\frac{g}{2}\left(\frac{l_{t+1}}{l_t}-1\right)^2-g\left(\frac{l_{t+1}}{l_t}-1\right)\frac{l_{t+1}}{l_t}\right] \tag{6.27}$$

6.2.6 中央银行

参考杨柳等[64]的研究，本章在货币政策规则中加入提前 n 期所预期到的冲击 $\mu_{R,t-n}$ 进行研究。其中，$\mu_{R,t-n}$ 为均值为 0、方差为 σ_A^2 的白噪声，是关于变量在 t 期的信息，这种信息在 t 期才会实现，但经济体在 $t-n$ 期就预期到了这一信息。参考刘斌[99]的研究，预期到的货币政策冲击方程为

$$1+R_t=(1+\bar{R})^{1-\rho_R}(1+R_{t-1})^{\rho_R}\left[(\pi_t)^{R_\pi}(Y_t)^{R_Y}(o_{t-1})^{R_O}\right]^{1-\rho_R}e^{\mu_{R,t}+\mu_{R,t-n}} \tag{6.28}$$

其中，稳态值 $\bar{R}=1/\beta_1$；货币供给增长率为 $o_t=m_t\pi_t/m_{t-1}$；R_π, R_Y, R_m 分别为货币政策对通胀、产出和货币供给的反应系数；$\rho_R\in(-1,1)$ 为冲击持续性。当预期到的冲击 $\mu_{R,t-n}=0$ 时，式（6.28）就是传统的未预期到的货币政策冲击方程。由于讨论关于冲击的新息（innovation），而不是冲击变量本身，本章假定预期到的 $\mu_{R,t-n}$ 与未预期到的 $\mu_{R,t}$ 之间不存在相关性。

参考梁璐璐等[88]的研究，宏观审慎政策规则为

$$d_{2,t}=\bar{d}_2\left[\frac{b_{2,t}(1+\mu_{2,t})}{b_{2,t-1}}\right]^{-\tau_2} \tag{6.29}$$

$$d_{e,t}=\bar{d}_e\left[\frac{b_{e,t}(1+\mu_{e,t})}{b_{e,t-1}}\right]^{-\tau_e} \tag{6.30}$$

其中，$\mu_{2,t}$ 和 $\mu_{e,t}$ 分别为受信贷约束家庭和住房开发企业的贷款价值比冲击；τ_2 和 τ_e 分别为受信贷约束家庭和住房开发企业的宏观审慎强度。

6.2.7 市场出清

$$m_{1,t}+m_{2,t}=m_t \tag{6.31}$$

$$H_{1,t}+H_{2,t}+H_{e,t}=1 \tag{6.32}$$

$$C_{1,t}+C_{2,t}+C_{e,t}+I_{K_t}+I_{H_1,t}+I_{H_2,t}+I_{H_e,t}=Y_t \tag{6.33}$$

6.3 变量稳态方程组和参数估计

6.3.1 变量稳态方程组

参考梁璐璐等[88]的研究，住房偏好冲击稳态值 $\bar{j}$ 为 0.4。参考赵胜民和罗琦[43]的研究，受信贷约束家庭的贷款价值比稳态值 $\bar{d}_2$ 为 0.8。参考陈

名银和林勇[89]的研究，住房开发企业的贷款价值比稳态值$\bar{d}_e$分别为0.5。本章所有变量的稳态方程组为

$$\bar{j}=0.4$$

$$\bar{d}_2=0.8$$

$$\bar{d}_e=0.5$$

$$\bar{Y}=1$$

$$\bar{X}=\frac{\varphi}{\varphi-1}$$

$$s_1=\frac{\beta_e u}{1-\beta_e(1-\delta)}\frac{1}{\bar{X}}$$

$$s_2=\frac{\beta_e v}{1-\beta_e-[\beta_1(1-e)-\beta_e]\bar{d}_e}\frac{1}{\bar{X}}$$

$$s_3=\frac{\bar{j}}{1-\beta_1}\left[\frac{(s_3s_7+s_4s_6+s_2)\bar{Y}}{s_3}\right]^{\frac{1-\varepsilon}{\varepsilon}}$$

$$s_4=\frac{\bar{j}}{1-\beta_2-[\beta_1(1-e)-\beta_2]\bar{d}_2}\left[\frac{(s_3s_7+s_4s_6+s_2)\bar{Y}}{s_4}\right]^{\frac{1-\varepsilon}{\varepsilon}}$$

$$s_5=\frac{u+v}{\bar{X}}-\delta s_1-(1-\beta_1)(1-e)\bar{d}_e s_2$$

$$s_6=\frac{(1-a)(1-a-v)}{1+[1-\beta_1(1-e)]\bar{d}_2 s_4}\frac{1}{\bar{X}}$$

$$s_7=s_1+[1-\beta_1(1-e)]\bar{d}_e s_2+[1-\beta_1(1-e)]\bar{d}_2 s_4 s_6$$

$$\bar{R}=1/\beta_1$$

$$\bar{R}^L=\frac{\bar{R}}{1-e}$$

$$\bar{\pi}=1$$

$$\bar{F}=(1-1/\bar{X})\bar{Y}$$

$$\bar{C}_1=s_7\bar{Y}$$

住房市场的财富效应研究

$$\bar{H}_1 = \frac{s_3 s_7}{s_3 s_7 + s_4 s_6 + s_2}$$

$$\bar{q} = (s_3 s_7 + s_4 s_6 + s_2)\bar{Y}$$

$$\bar{m}_1 = \left\{ (1-\beta_1)\left[\bar{C}_1^{(\varepsilon-1)/\varepsilon} + \bar{j}\bar{H}_1^{(\varepsilon-1)/\varepsilon}\right]^{(1-\varsigma\varepsilon)(\varepsilon-1)} \bar{C}_1^{-1/\varepsilon} / \chi \right\}^{-1/\gamma}$$

$$\bar{C}_2 = s_6 \bar{Y}$$

$$\bar{b}_2 = \beta_1(1-e)\bar{d}_2 s_4 \bar{C}_2$$

$$\bar{H}_2 = \frac{s_4 s_6}{s_3 s_7 + s_4 s_6 + s_2}$$

$$\bar{\lambda}_2 = \left[\beta_1(1-e) - \beta_2\right]\left[\bar{C}_2^{(\varepsilon-1)/\varepsilon} + \bar{j}\bar{H}_2^{(\varepsilon-1)/\varepsilon}\right]^{(1-\varsigma\varepsilon)(\varepsilon-1)} \bar{C}_2^{-1/\varepsilon}$$

$$\bar{m}_2 = \left\{ (1-\beta_2)\left[\bar{C}_2^{(\varepsilon-1)/\varepsilon} + \bar{j}\bar{H}_2^{(\varepsilon-1)/\varepsilon}\right]^{(1-\varsigma\varepsilon)(\varepsilon-1)} \bar{C}_2^{-1/\varepsilon} / \chi \right\}^{-1/\gamma}$$

$$\bar{H}_e = \frac{s_2}{s_3 s_7 + s_4 s_6 + s_2}$$

$$\bar{K} = s_1 \bar{Y}$$

$$\bar{I}_k = \delta \bar{K}$$

$$\bar{b}_e = \beta_1(1-e)\bar{d}_e \bar{q} \bar{H}_e$$

$$\bar{l} = \bar{b}_2 + \bar{b}_e$$

$$\bar{b}_1 = \bar{l}/(1-e)$$

$$\bar{A} = 1$$

$$\bar{N}_1 = \left(\frac{\bar{Y}}{\bar{A}(s_1 \bar{Y})^\mu \left[s_2/(s_3 s_7 + s_4 s_6 + s_2)\right]^v (1-\mu-v)} \right)^{1/(1-\mu-v)}$$

$$\bar{w}_1 = \frac{\alpha(1-\mu-v)\bar{Y}}{\bar{X}\bar{N}_1}$$

$$\bar{C}_e = s_5 \bar{Y}$$

$$\bar{\lambda}_e = \frac{\beta_1(1-e) - \beta_e}{\bar{C}_e}$$

$$\bar{\lambda}_k = 1/\bar{C}_e$$

$\overline{m}_3 = \overline{m}_1 + \overline{m}_2$

$\overline{o} = 1$

$\overline{\tau} = 1$

$\overline{\mu}_2 = 1$

$\overline{\mu}_e = 1$

6.3.2 参数估计

1. 直接经验校准

参考王勇[63]的研究，本章对模型中的所有参数进行直接经验校准，如表 6.1 所示。

表 6.1 稳态参数校准

参数	参数含义	校准值	参数	参数含义	校准值
$\beta_1, \beta_2, \beta_e$	无信贷约束家庭、受信贷约束家庭和住房开发企业主观贴现率	0.99, 0.97, 0.98	R_π	货币政策对通胀的反应系数	1.31
ς	家庭消费风险厌恶系数	0.2	R_Y	货币政策对产出的反应系数	0.78
ε	住房和消费替代弹性	0.59	R_O	货币政策对货币供给的反应系数	0.64
η	劳动供给弹性	0.01	ρ_j	住房偏好冲击持续性	0.2987
χ	货币需求系数	0.01	ρ_A	技术冲击持续性	0.7453
γ	货币需求利率弹性的倒数	3	ρ_τ	通货膨胀冲击持续性	0.9102
μ	资本产出弹性	0.4	ρ_R	货币政策冲击持续性	0.5236
ν	住房产出弹性	0.012	σ_j	住房偏好冲击标准差	0.0592
α	无信贷约束家庭工资份额	0.64	σ_A	技术冲击标准差	0.0486
δ	资本折旧率	0.035	σ_τ	通货膨胀冲击标准差	0.0094
ψK	资本调整成本系数	1.5	σ_R	货币政策冲击标准差	0.0069
φ	中间产品替代弹性	11	τ_2	受信贷约束家庭的宏观审慎强度	0.75
θ	价格刚性参数	0.66	τ_e	住房开发企业的宏观审慎强度	0.5
e	法定存款准备金率	0.01	$\sigma_{\tau 2}$	受信贷约束家庭贷款价值比冲击标准差	0.01
g	信贷调整成本系数	0.1	$\sigma_{\tau e}$	住房开发企业贷款价值比冲击标准差	0.01

2.Bayesian 估计

当货币政策冲击提前 4 期（$n=4$）预期到时，模型中动态参数的 Bayesian 估计结果如表 6.2 所示。

表 6.2 动态参数的 Bayesian 估计

参数	先验分布	事后均值	事后区间
θ	B（0.66，0.1）	0.7943	[0.7875，0.8022]
α	B（0.64，0.1）	0.8867	[0.8797，0.8927]
ρ_j	B（0.75，0.1）	0.9985	[0.9977，0.9990]
ρ_A	B（0.75，0.1）	0.9890	[0.9871，0.9908]
ρ_τ	B（0.75，0.1）	0.9372	[0.9343，0.9400]
ρ_R	B（0.50，0.2）	0.9993	[0.9992，0.9995]
R_π	Γ（2，1）	0.3416	[0.1312，0.5281]
R_Y	Γ（2，1）	5.2670	[5.1486，5.3960]
R_O	Γ（1，0.5）	0.6925	[0.6016，0.7813]
σ_j	Γ^{-1}（0.01，∞）	0.0617	[0.0515，0.0728]
σ_A	Γ^{-1}（0.01，∞）	0.1552	[0.1273，0.1856]
σ_τ	Γ^{-1}（0.01，∞）	0.0455	[0.0353，0.0537]
σ_R	Γ^{-1}（0.01，∞）	0.0102	[0.0076，0.0127]
$\sigma_{\tau 2}$	Γ^{-1}（0.01，∞）	0.0062	[0.0033，0.0100]
$\sigma_{\tau e}$	Γ^{-1}（0.01，∞）	0.0060	[0.0033，0.0090]

6.4 预期到的货币政策冲击对住房市场财富效应的影响

为了研究预期到的货币政策冲击对住房市场财富效应的影响，本章比较研究货币政策冲击预期前后，房价收入比和家庭消费率对一单位标准差正向货币政策冲击的脉冲响应，如图 6.2 所示。

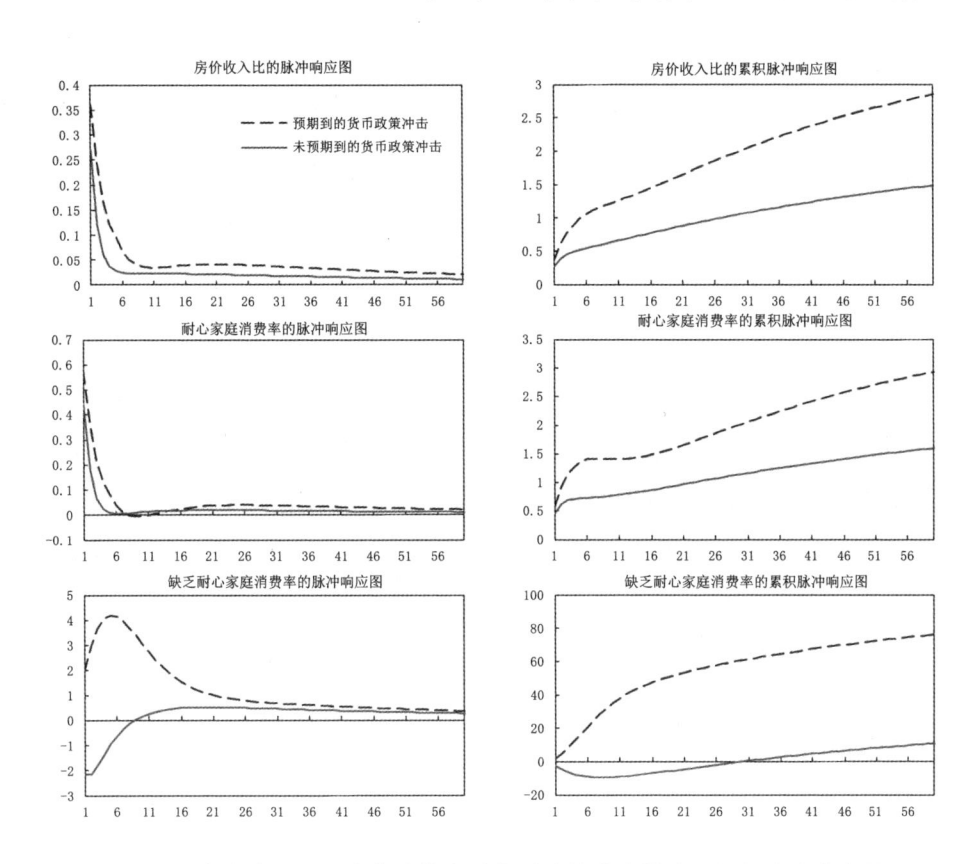

图6.2 房价收入比和家庭消费率对货币政策冲击的（累积）脉冲响应图

从图 6.2 可以看出，货币政策冲击预期前后，房价收入比均上涨，但从第 2 季度开始减速下降。房价收入比对冲击的累积脉冲响应均逐期上升，最后趋于稳态值。其中，货币政策冲击预期后，房价收入比对冲击的累积脉冲响应更大，且更晚趋于稳态值。因此，对货币政策冲击的预期不能有效控制住房价格。

货币政策冲击预期前后，无信贷约束家庭消费率均上涨，但从第 2 季度开始下降，大约 10 个季度后冲击的影响不显著。无信贷约束家庭消费率对冲击的累积脉冲响应均逐期上升，最后趋于稳态值。而受信贷约束家庭消费率对冲击脉冲响应均呈向上隆起状，先减速上升，但在第 5 季度达到最大值后逐期下降，大约 20 个季度后冲击的影响不显著。受信贷约束家庭消费率对冲击的累积脉冲响应均逐期减速上升，最后趋于稳态值。货币政策冲击预期后，家庭消费率在当期变动幅度更大，且对冲击的累积脉冲响应更大。由此对货币政策冲击的预期会扩大冲击对家庭消费率的影响。

与无信贷约束家庭相比，受信贷约束家庭消费率对冲击的脉冲响应在当期变动得更多，且对冲击的累积脉冲响应更大。由此预期到的货币政策冲击使住房价格影响无信贷约束家庭消费率的直接财富效应显著，且影响受信贷约束家庭消费率的资产负债表效应显著。因此，对货币政策冲击的预期会使住房价格影响无信贷约束家庭消费率的直接财富效应以及影响受信贷约束家庭消费率的资产负债表效应更显著。

6.5 限贷背景下预期到的货币政策冲击对住房市场财富效应的影响

为了进一步研究限贷背景下预期到的货币政策冲击对住房市场财富效应的影响，本章比较研究受信贷约束家庭贷款价值比稳态值降低前后，房价收入比和家庭消费率对一单位标准差提前 4 期预期到的正向货币政策冲击的脉冲响应，如图 6.3 所示。

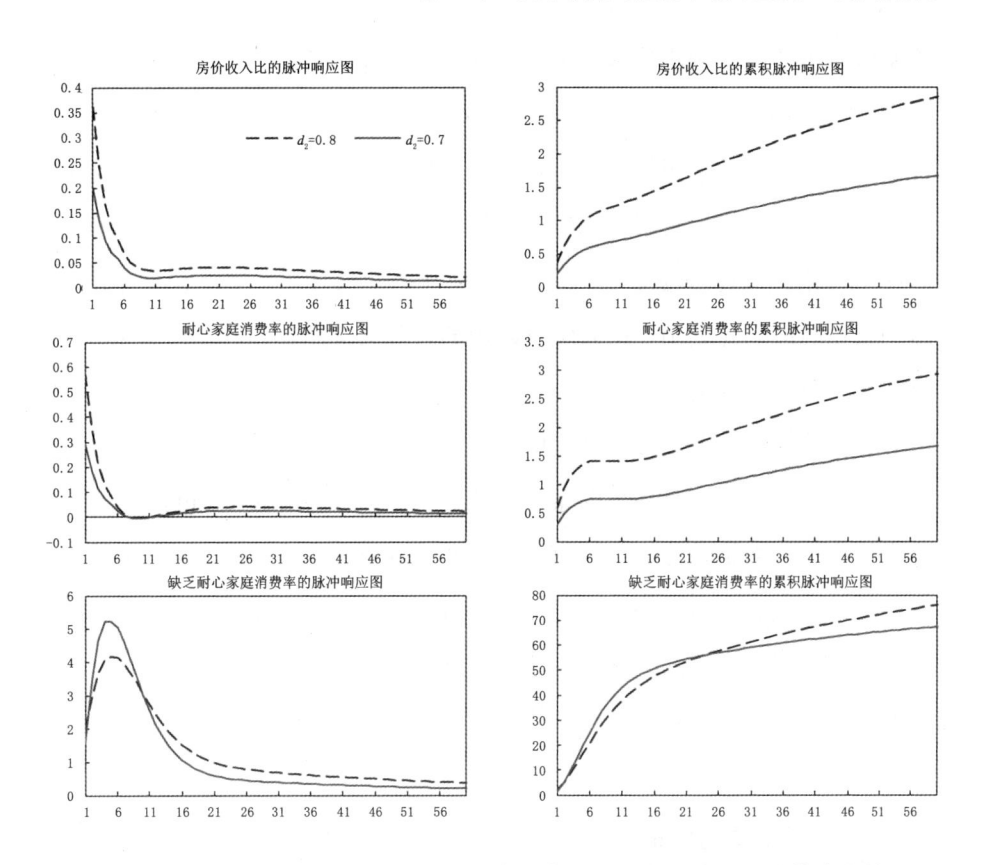

图 6.3　限贷背景下房价收入比和家庭消费率对预期到的货币政策冲击的（累积）脉冲响应图

从图 6.3 可以看出，限贷政策收紧前后，房价收入比均上涨，但从第 2 季度开始减速下降。房价收入比对冲击的累积脉冲响应均逐期上升，最后趋于稳态值。其中，限贷政策收紧后，房价收入比对冲击的累积脉冲响应更小，且更早趋于稳态值。因此，受到预期到的货币政策冲击，限贷政策的收紧能有效控制住房价格。

限贷政策收紧前后，无信贷约束家庭消费率均上涨，但从第 2 季度开始下降，大约 10 个季度后冲击的影响不显著。无信贷约束家庭消费率对冲击的累积脉冲响应均逐期上升，最后趋于稳态值。而受信贷约束家庭消费率对冲击的脉冲响应均呈向上隆起状，先减速上升，但在第 5 季度达到最大值后逐期下降，大约 20 个季度后冲击的影响不显著。受信贷约束家庭消费率对冲击的累积脉冲响应均逐期减速上升，最后趋于稳态值。限贷政策收紧后，家庭消费率在当期变动幅度更小，且无信贷约束家庭消费率对冲击的累积脉冲响应更小，从第 24 期开始受信贷约束家庭消费率对冲击的累积脉冲响应更小。由此限贷政策的收紧会抑制预期的货币政策冲击对家庭消费率的影响。

与无信贷约束家庭相比，受信贷约束家庭消费率对冲击的脉冲响应在当期变动得更多，且对冲击的累积脉冲响应更大。由此预期到的货币政策冲击使住房价格影响无信贷约束家庭消费率的直接财富效应显著，且影响受信贷约束家庭消费率的资产负债表效应显著。因此，受到预期到的货币政策冲击，限贷政策的收紧会使住房价格影响无信贷约束家庭消费率的直接财富效应以及影响受信贷约束家庭消费率的资产负债表效应更不显著。

6.6 本章小结

本章在 DSGE 模型中引入宏观审慎政策和预期到的货币政策冲击，以研究双支柱调控框架下预期到的货币政策冲击对住房市场财富效应的影响。（累积）脉冲响应图结果表明对货币政策冲击的预期不能有效控制住房价格，但会使住房价格影响无信贷约束家庭消费率的直接财富效应以及影响受信贷约束家庭消费率的资产负债表效应更显著。而受到预期到的货币政策冲击，限贷政策的收紧能有效控制住房价格，但会使住房价格影响无信贷约束家庭消费率的直接财富效应以及影响受信贷约束家庭消费率的资产负债表效应更不显著。

以上研究结果表明对货币政策冲击的预期以及限贷政策的收紧均不能

第6章 货币政策对住房市场财富效应的影响研究

解决防范金融系统性风险和扩大内需之间的两难选择。在经济上行时，为了防范金融系统性风险，政府应该降低家庭对货币政策冲击的预期，同时实施降低贷款价值比的宏观审慎政策。而在经济下行时，为了扩大内需，政府应该加强家庭对货币政策冲击的预期，同时实施提高贷款价值比的宏观审慎政策。

第7章　金融市场化对城镇家庭住房财富效应的影响研究[①]

本章首先研究金融市场化对城镇家庭住房财富效应的影响机制；然后，本章分别以金融市场化程度、金融业的竞争和信贷资金分配市场化作为门槛变量，构建面板门槛模型检验金融市场发展是否会对住房财富效应产生调节作用，并采用替换门槛变量的方法进行稳健性检验；最后，本章加入考虑金融市场因素的经济—距离空间矩阵，采用由CFPS2010、2012、2014、2016和2018城镇家庭样本数据整合的微观面板数据，构建空间杜宾模型研究金融市场化程度对城镇家庭住房财富效应的影响，还研究在金融市场化程度差异下住房财富效应的城镇家庭异质性。

---

① 本章由王勇、吕昕彤撰写，已收录于中国知网硕博士论文数据库，英文版投稿于《Cities》。论文题目为"Financial Marketization and Housing Wealth Effect: Spatial Modeling Analysis Based on Household Panel Data"。

第 7 章　金融市场化对城镇家庭住房财富效应的影响研究

7.1　金融市场化对城镇家庭住房财富效应的影响机制分析

7.1.1　金融市场化对城镇家庭住房财富效应的作用路径

金融市场作为与住房财富效应最为相关的市场之一，其发展会使得住房财富效应发生变动，不少学者对此做出了研究。Alexander 和 Torsten[118]采用 16 个国家面板数据，构建面板数据模型研究发现无论对于何种金融体系的国家，住房价格波动对城镇家庭消费的影响均很大；且与以银行为导向的金融市场体系国家相比，住房价格波动对以市场为导向的金融市场体系国家的城镇家庭消费更显著。而 Slacalek[119]采用国家数据，研究发现一个国家金融市场体系会影响住房财富效应，但以市场为导向的金融市场体系国家的住房财富效应往往更弱；研究还发现住房财富效应和住房抵押市场密切相关。

Dong 等[76]研究发现金融市场发展通过资金流通渠道和流通效率以及信贷规模和交易成本影响城镇家庭消费。金融发展水平会使住房价格对城镇家庭消费的影响发生变动。金融市场越发达的地区，住房价格对城镇家庭消费的财富效应可能越强；而金融市场越落后的地区，住房价格对城镇家庭消费的挤出效应可能越强。本章将金融市场影响城镇家庭住房财富效应的作用路径分为四类，作用的对象分别为进行资产抵押的拥有住房产权城镇家庭、进行出售交易的拥有住房产权城镇家庭、计划购房的无住房产权城镇家庭和受信贷约束城镇家庭。金融市场通过为不同城镇家庭提供便利或减少成本等方式，最后作用于城镇家庭住房财富效应。金融市场影响城镇家庭住房财富效应传导路径如图 7.1 所示。

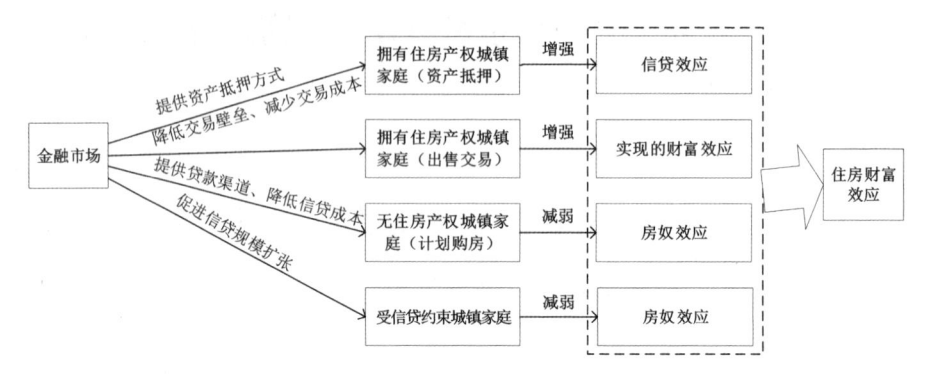

图 7.1　金融市场影响城镇家庭住房财富效应的传导路径图

从图 7.1 可以看出，拥有住房产权城镇家庭进行资产抵押时，金融市场提供的多种金融产品和抵押渠道会使城镇家庭可以更好地利用已有住房进行抵押再融资，从而提高城镇家庭抵押贷款能力，疏通信贷传导路径，提高住房财富效应。Aron 等[120]认为住房价格上涨带来的财富增加能否及时变现为流动性资产，取决于抵押成本的高低和相关市场的发达程度。参考罗孝玲和陈倩[77]的研究，如果金融市场发展水平较低，金融体系不能提供很好的再融资方式，拥有住房产权城镇家庭可能无法对增加的住房财富做出反应，由此对于金融市场发展水平较低的地区，住房价格上涨对城镇家庭消费的财富效应可能会减弱。

参考罗孝玲和陈倩[77]的研究，对于拥有住房产权的城镇家庭，金融发展水平越高，住房价格上涨时，直接财富效应传导渠道越通畅。金融市场发展水平越高，不同市场之间的交易壁垒就越低，交易成本越小，住房资产流动性增强。当住房价格上涨时，拥有住房产权城镇家庭更容易将房屋抵押或出售来获得现金收入，所以会提高城镇家庭消费水平。

参考罗孝玲和陈倩[77]的研究，对于无住房产权城镇家庭或者有购房需求的城镇家庭，完善的金融市场可以提供更多信贷渠道；另一方面，金融机构之间的竞争会降低城镇家庭获得信贷的成本，从而提高信贷可得性，

第 7 章 金融市场化对城镇家庭住房财富效应的影响研究

促进城镇家庭消费。

参考罗孝玲和陈倩[77]的研究,对于受信贷约束城镇家庭,发达的金融市场能够提供多样化、低成本的金融信贷产品,城镇家庭可以通过资产抵押贷款等方式缓解短期流动性约束,提高边际消费倾向。由此发达的金融市场会促进城镇家庭信贷规模扩张,降低流动性约束,从而通过增加住房财富提高城镇家庭消费。

金融市场发展并不会总是增强我国城镇家庭住房财富效应。自住房制度改革以来,我国住房市场发展迅速,住房价格上涨所带来的巨大收益使得住房资产已成为我国城镇家庭资产保值增值的最佳投资手段,市场投资动机强烈,许多城镇家庭住房资产再融资的资金并没有用于消费或者其他投资,而是会通过各种渠道流入住房市场,由此金融市场发展对城镇家庭住房财富效应的增强作用并不明显。

我国整个经济市场化程度和金融市场化程度存在不协调的问题,导致金融市场发展的作用不明显。同时,金融市场发展也一定程度上意味着信贷风险增加,由此金融市场化的发展并不一定代表信贷规模。同时,从监管体制看,我国存在金融市场化进程和监管体制发展不同步的问题。我国监管体制往往落后于金融市场发展的需要,目前还是以机构监管为主,一系列监管的盲点、弱点慢慢浮现,从而使得金融市场化作用无法有效发挥。

综上所述,金融市场影响城镇家庭住房财富效应的作用路径复杂,住房财富效应异质性明显,其方向和大小需要分情况讨论。地区金融发展水平的不同使住房价格上涨对城镇家庭消费的影响存在差异。

7.1.2 金融市场化对城镇家庭住房财富效应的作用机理

本章基于 Engelhardt[121]提出的理论模型框架,同时参考 Iacoviello[122]、Gan[35]以及杜莉等[123]的相关研究成果进行扩展和补充。本章拟建立理论模型,将住房价格波动对城镇家庭消费支出产生影响的作用效应进行细化分析,同时将金融市场化也纳入理论分析框架。

首先,假设从一个城镇家庭开始组建到结束的生命周期长度为T年,此处用t为时间,则当$t=0$时城镇家庭开始组建,$t=T$时城镇家庭成员死亡或城镇家庭结束。城镇家庭的收入来源有两个,一是城镇家庭的劳动收入,t时刻的劳动收入用y_t来表示;二是资产收入,用$r \cdot A_t$表示,其中A_t为t时刻城镇家庭的非住房资产财富,r为资产财富的收益率。

那么整个生命周期内的城镇家庭效用可以为

$$\int_0^T U[c_t, h_t] \cdot e^{-\delta t} \cdot dt \tag{7.1}$$

其中,c_t、h_t分别为城镇家庭的消费支出和住房面积;$\delta \in (0, 1)$为效用贴现率,δ越高说明城镇家庭预期未来的效用越低,城镇家庭越偏好增加当期消费而不是增加储蓄。

其次,假设将城镇家庭区分为租房(未持有住房产权)和持有住房产权两种阶段城镇家庭,且本章考虑城镇家庭的流动性约束和金融市场化。一般来说,城镇家庭购买住房时会产生一定的信贷约束,因为当城镇家庭资产财富累积到高于住房首付水平一定程度时会选择立即购买住房,此时该城镇家庭需支付占住房总价值一定比例的首期付款。假设城镇家庭在时间t为时购买住房,那么支付首付为$\omega \cdot P_t \cdot h_t$,$\omega$为购房首期付款的比例($0<\omega<1$)。

此外,本章假设城镇家庭资产财富不论是以住房还是非住房的形式持有都可以获得收益,因为当城镇家庭非住房资产财富转换为住房财富时,可以通过住房抵押或出售出租的方式实现收益。这也是为什么我国普遍存在"以房养老"模式。

第 7 章　金融市场化对城镇家庭住房财富效应的影响研究

（1）拥有住房产权城镇家庭

基于上述假设，可以得到拥有住房产权城镇家庭的最大化效用函数为

$$\max \sum_{t=0}^{T} U(c_t, h) \cdot e^{-\delta t} \cdot dt \tag{7.2}$$

该城镇家庭受到的预算约束条件为

$$r \cdot A_{t-1} + y_t = c_t + A_t + (1+\mu_t) \cdot P_t \cdot h_t - P_t \cdot h_{t-1} \tag{7.3}$$

其中，c_t 和 h_t 分别为拥有住房产权城镇家庭的消费支出和住房面积；$(1+\mu_t) \cdot P_t \cdot h_t - P_t \cdot h_{t-1}$ 为持有住房产权阶段使用自有住房产生的成本，μ_t 为住房折旧、交易费用和住房贷款的利息等费用占住房价值的比例，P_t 为 t 时期持有住房的价格（除去通货膨胀因素），当城镇家庭未更换住房时则有 $h_t = h_{t-1}$，此时住房成本为 $\mu_t \cdot P_t$。

那么，该城镇家庭的资产财富总值为 $w_t = y_t + r \cdot A_{t-1} + P_t \cdot h_{t-1}$。结合预算约束式，可以将该城镇家庭在 $t+1$ 时期的资产财富写成

$$w_{t+1} = y_{t+1} + r \cdot (w_t - c_t) - [P_{t+1} - r(1+\mu_t)P_t] \cdot h_t \tag{7.4}$$

将拥有住房产权城镇家庭的值函数定义为

$$V(w_t, h_{t-1}) = U(c_t, h_t) + e^{-\delta} E_t[V(w_{t+1}, h_t)] \tag{7.5}$$

另外，可以将该城镇家庭通过抵押住房进行贷款的约束写为：$A_t + (1-\alpha)P_t \cdot h_t \geq 0$，这意味着该城镇家庭可以借贷的资金最多为住房价值的 $1-\alpha$ 倍，其中 $0 < \alpha < 1$。结合预算约束式和城镇家庭资产财富公式，抵押贷款约束转换为

$$c_t + (\alpha + \mu_t)P_t \cdot h_t \leq w_t \tag{7.6}$$

通过将值函数和抵押贷款约束方程的联合计算可以得到拥有住房产权城镇家庭的非住房消费的欧拉方程。

$$U'(c_t) = e^{-\delta} \cdot r \cdot E_t[U'(c_{t+1})] + \lambda_t \tag{7.7}$$

其中，λ_t 是拉格朗日乘数。假设一个门槛值 w^*，当城镇家庭资产财富 w_t 小于 w^* 时。这一结果表明该城镇家庭处于较紧的预算约束下；当城镇家庭资产财富 w_t 大于 w^* 时。这一结果表明该城镇家庭处于较宽松的预算约束下。

当该城镇家庭受预算约束较大时，有 $w_t=c_t+(\alpha+\mu_t)P_t \cdot h_t$，且 $\lambda>0$，此时城镇家庭消费的欧拉方程可以写为

$$U'(c_t)=e^{-\delta} \cdot r \cdot E_t[U'(c_{t+1})]+\frac{U'(h_t)-e^{-\delta}\{r(1-\mu_t)P_t-P_{t+1}E_t[U'(c_{t+1})]\}}{(\alpha+\mu_t)P_t} \quad (7.8)$$

从式（7.8）可以看出，受到流动性约束城镇家庭的消费支出受影响于住房价格，进一步地，可以将受信贷约束城镇家庭消费和住房价格的函数表达为

$$c_t=y_t+r \cdot A_t+P_t[h_{t-1}-(\alpha+\mu_t)h_t] \quad (7.9)$$

由受信贷约束城镇家庭消费和住房价格的函数可以知道，消费随着住房价格变动而产生的变动受影响于 $h_{t-1}-(\alpha+\mu_t)h_t$ 的大小和方向。由此当金融市场化越好时，可以给城镇家庭提供更多的贷款抵押方式以及降低贷款利率，还可以降低住房出售和出租的交易成本，这意味着更低的 α 和 μ_t，从而得到住房价格影响消费的系数 $h_{t-1}-(\alpha+\mu_t)h_t>0$，住房价格上涨刺激城镇家庭消费；而当金融市场发展不充分时，α 和 μ_t 的值较高，使得住房价格影响城镇家庭消费的系数 $h_{t-1}-(\alpha+\mu_t)h_t$ 较低或为负，此时住房价格对消费的影响表现为不显著或为抑制效应。

（2）无住房产权城镇家庭

同样地，可以得到无住房产权城镇家庭的最大化效用函数为

$$\max \sum_{t=0}^{T} U(c_t^r, h_t^r)e^{-\delta t} \cdot dt \quad (7.10)$$

式中的 c_t^r 和 h_t^r 分别是无住房产权城镇家庭的消费支出和住房面积，为了区

第 7 章　金融市场化对城镇家庭住房财富效应的影响研究

分，此处添加上标 r 为无住房产权城镇家庭。

$$r \cdot A_{t-1}^r + y_t^r = c_t^r + A_t^r + \theta \cdot \omega \cdot P_t \cdot h_t^r + \eta \cdot P_t \cdot h_t^r \tag{7.11}$$

其中，$\theta \cdot \omega \cdot P_t \cdot h_t^r$ 为 t 时期未持有住房产权城镇家庭为购买住房进行的储蓄，θ 为储蓄比例，为该部分的储蓄与首期付款呈一定比例；$\eta \cdot P_t \cdot h_t^r$ 为无住房产权城镇家庭的租房成本，该城镇家庭的租房成本与住房价值成正比。一般，会有租房成本比持有住房时的成本高。通常理性的城镇家庭倾向于通过压缩消费、省吃俭用来增加储蓄，从而增加购买住房的能力。这与我国城镇家庭通常先租房后买房的现实情况相符。

计算此时无住房产权城镇家庭的资产财富总值是 $w_t^r = y_t^r + r \cdot A_{t-1}^r$，结合预算约束式可以得到 $t+1$ 时期城镇家庭的资产财富如下

$$w_{t+1}^r = y_{t+1}^r + r \cdot (w_t^r - c_t^r) - r[\theta \cdot \omega + \eta] \cdot P_t \cdot h_t^r \tag{7.12}$$

将无住房产权城镇家庭的值函数定义为

$$V^r(w_t^r, h_{t-1}^r) = U(c_t^r, h_t^r) + e^{-\delta} E_t[V^r(w_{t+1}^r, h_t^r)] \tag{7.13}$$

另外，由于无住房产权城镇家庭没有住房可以用于抵押，他们所受到的信贷约束为 $A_t^r \geqslant 0$。结合预算约束式和城镇家庭资产财富公式，信贷约束式转换为

$$c_t + (\theta \cdot \omega + \eta) P_t \cdot h_t^r \leqslant w_t \tag{7.14}$$

通过将值函数和约束方程的联合计算可以得到无住房产权城镇家庭的非住房消费的欧拉方程。

$$U^r(c_t^r) = e^{-\delta} \cdot r \cdot E_t[U^r(c_{t+1}^r)] + \lambda_t \tag{7.15}$$

其中，λ_t 是拉格朗日乘数。假设一个门槛值 w^*，当城镇家庭资产财富 w_t 小于 w^* 时。这一结果表明该城镇家庭处于较紧的预算约束；当城镇家庭资产财富 w_t 大于 w^* 时。这一结果表明该城镇家庭处于较宽松的预算约束。

首先，当无住房产权城镇家庭受到的预算约束较大时，可以得到

$$w_t = c_t + (\theta \cdot \omega + \eta) P_t \cdot h_t^r \tag{7.16}$$

并且 $\lambda > 0$，此时城镇家庭消费的欧拉方程可以写为

$$U^{r\prime}(c_t^r) = e^{-\delta} \cdot r \cdot E_t[U^{r\prime}(c_{t+1}^r)] + \frac{U^{r\prime}(h_t^r) - e^{-\delta}\{r(\theta \cdot \omega + \eta) E_t[U^{r\prime}(c_{t+1}^r)]\}}{(\theta \cdot \omega + \eta) P_t} \tag{7.17}$$

其中，受信贷约束的无住房产权城镇家庭消费会受到住房价格的影响。进一步地，可以将受信贷约束城镇家庭消费和住房价格的函数表达为

$$c_t^r = y_t^r + r \cdot A_{t-1}^r - (\theta \cdot \omega + \eta) P_t \cdot h_t \tag{7.18}$$

其中，住房价格上涨对城镇家庭消费的影响取决于 $(\theta \cdot \omega + \eta) h_t$ 的大小。对于无住房产权城镇家庭，住房价格上涨会增加城镇家庭购房首付款，从而会减少城镇家庭消费。同时，当金融市场化越好时，能够提供更多的融资渠道，间接降低购房首付比 ω，由此会降低住房价格上涨对城镇家庭消费的挤出效应。

综上所述，与无信贷约束城镇家庭相比，住房价格上涨对受信贷约束城镇家庭消费的挤出效应更大。与无住房产权城镇家庭相比，拥有住房产权城镇家庭的住房财富效应更显著。金融市场化程度的改善对城镇家庭住房财富效应存在促进效应，且对受信贷约束城镇家庭的促进效应更显著。金融市场对有换房需求或购房需求的城镇家庭住房财富效应的影响更显著。

7.2 金融市场化对城镇家庭住房财富效应的门槛分析

7.2.1 面板门槛模型的构建

为了考察我国城镇家庭的住房财富效应，即住房价格波动对城镇家庭

第 7 章 金融市场化对城镇家庭住房财富效应的影响研究

消费的影响,本章构建的基本面板数据模型为

$$\ln Pce_{it} = \alpha_1 \ln Hp_{it} + \beta X_{it} + \delta_i + \tau_t + \varepsilon_{it} \tag{7.19}$$

其中,$\ln Pce_{it}$ 为城镇家庭 i 在第 t 年的城镇家庭消费支出对数;$\ln Hp_{it}$ 为城镇家庭 i 在年度 t 所面对的当地商品房平均销售价格对数;X_{it} 为控制变量,包括城镇家庭人均纯收入、城镇家庭人口规模、城镇家庭资产总额等影响城镇家庭消费支出的因素;δ 为个体扰动项,排除回归中不随时间变动的个体因素所产生的影响;τ_t 为时间扰动项,克服与个体无关但随时间变动而变动的因素影响,形成个体和时间双固定效应模型;ε_{it} 为回归残差项。

其次,考虑到市场化程度因素不同会对城镇家庭消费行为和住房财富衡量产生一定的影响,故将相关因素引入实证分析中,此处构建面板门槛模型。面板门槛模型首次由 Hansen[124] 提出。门槛模型利用最小化残差平方和的办法来确定门槛变量引起突变的值,门槛值就是该突变现象出现的临界值。通过最小化残差值的方法估计得到门槛值以及参数值,同时检验其显著性,能够避免主观设定带来的偏误。Hansen[124]、Caner 和 Hansen[125] 提出面板门槛模型的计量方法是,首先消除时间和个体的固定效应,接着利用最小二乘法估计系数,最后可以使用 Bootstrap(自助)方法来进行门槛效应的显著性检验。面板门槛模型的基本形式为如下。

$$y_{it} = u_i + \beta'_1 x_{it} \cdot I(q_{it} \leq \gamma) + \beta'_2 x_{it} \cdot I(q_{it} > \gamma) + \varepsilon_{it} \tag{7.20}$$

其中,y_{it} 为被解释变量,x_{it} 为核心解释变量,q_{it} 为门槛变量,i 为个体标签($i=1,2,3,\cdots,n$),t 为个体所属年份。γ 为待估计的门槛值,ε_{it} 服从独立同分布,$I(\cdot)$ 为指示函数,即当括号内的条件为真时 $I(\cdot)=1$,反之 $I(\cdot)=0$。因此,根据门槛变量和门槛值的相对大小关系,可将模型分为两段。

$$y_{it} = \begin{cases} u_i + x'_{it}\beta_1 + \varepsilon_{it}, & q_{it} \leq \gamma \\ u_i + x'_{it}\beta_2 + \varepsilon_{it}, & q_{it} > \gamma \end{cases} \tag{7.21}$$

另外，也可建立多面板门槛模型，如双门槛模型可为

$$y_{it}=u_i+\beta'_1x_{it}\cdot I(q_{it}\leq\gamma_1)+\beta'_2x_{it}\cdot I(\gamma_1<q_{it}<\gamma_2)+\beta'_2X_{it}\cdot I(\gamma_2<q_{it})+\varepsilon_{it}$$
（7.22）

因此，本章分别将代表金融市场化的变量设置为门槛变量，建立面板门槛模型，进一步考察市场化程度因素在住房财富效应中发挥的作用。建立的初始面板门槛模型为

$$\ln Pce_{it}=u_1+\beta_{11}\ln Hp_{it}\cdot I(F_{it}\leq\gamma)+\beta_{12}\ln Hp_{it}\cdot I(F_{it}>\gamma)$$
$$+\beta_2\ln Fincom_{it}+\beta_3\ln Asset_{it}+\varepsilon_{it}$$
（7.23）

其中，$\ln Pce_{it}$是城镇家庭i在第t年的城镇家庭消费支出对数；$\ln Hp_{it}$是城镇家庭i所处地区在第t年的住房价格对数；F_{it}为城镇家庭i所处地区在第t年的金融市场化变量；γ为模型的待估计的门槛值。

7.2.2 变量选取与处理

1. 微观城镇家庭样本数据

近年来，我国微观调查数据逐渐完善丰富，基于微观调查数据展开的学术研究也越来越多。在关于住房财富效应的研究上，许多学者慢慢将目光从省级面板数据转移到微观调查数据，然而其多数为采用微观横截面数据进行研究分析，不能考虑一些无法观测的随时间变动而变动的个体差异。本章采用CFPS微观样本数据，并根据城镇家庭样本代码，将2010年、2012年、2014年、2016年和2018年的数据进行匹配整合，形成微观面板数据，考察时间和个体的差异。

进一步地，将整合后的微观面板数据进行筛选处理。首先考虑到文章研究对象为城镇家庭财富效应，故根据国家统计局的城乡分类变量进行区分，保留城镇家庭样本；其次删除样本城镇家庭中存在严重数据缺失的样本，同时对其他缺失数据进行填补，如利用各类消费支出的加总除以城镇

第 7 章　金融市场化对城镇家庭住房财富效应的影响研究

家庭人口规模来填补城镇家庭人均纯收入的缺失数据；最后删除由于数据缺失、匹配错误以及非追踪城镇家庭而出现的大于 5 年或小于 5 年的城镇家庭样本。最终得到 3110 个样本，形成 5 年城镇家庭样本面板数据。本章选取的变量多数来自家庭经济问卷，包括城镇家庭人均纯收入（$Fincom_{it}$）、城镇家庭人口规模（$Familysize_{it}$）、城镇家庭消费支出（Pce_{it}）、城镇家庭资产总额（$Asset_{it}$）等。其中，城镇家庭人均纯收入是以 2010 年为基期计算得到具有可比性的数据，城镇家庭资产总额是通过城镇家庭现金及存款总额、金融产品总价和其他资产总额相加得到。微观样本城镇家庭数据获取路径如图 7.2 所示。

图 7.2　微观城镇家庭样本数据获取路径

2. 住房价格数据

考虑到 CFPS 数据库未提供受访户城镇家庭所在区县信息，本章搜集各地区的商品房平均销售价格数据，并通过数据库中的地区代码和名称进行匹配。上述数据来源于 EPS 数据平台数据库。

3. 金融市场化程度指标

本章通过综合考虑，选择使用王小鲁、樊纲和胡李鹏编写的《中国分省份市场化指数报告（2018）》中的指标作为描述金融市场化程度的变量。一方面，该研究报告较为全面地进行市场化进程的比较，基本上能涵括市场化的各个重要方面，且该研究持续地对各类指标进行测度，由此观测体系较为稳定，使用算术平均法计算指数，也基本能够保持数据的跨年度可比性；另一方面，该研究从不同层面上来衡量地区市场化进程指标，保持客观性，避免主观的影响。

《中国分省份市场化指数报告（2018）》[126]中的"要素市场发育程度"方面指数由三个分项指数构成，本章采用其中的"金融业的市场化"作为评价指标，该指数由两个二级分项指数组成，分别是"金融业的竞争"和"信贷资金分配市场化"。表7.1截取自《中国分省份市场化指数报告（2018）》中市场化构成指数一览表。

表7.1 市场化指数构成

指数名称	指数类别
要素市场的发育程度	方面指数
金融业的市场化	分项指数
金融业的竞争	二级分项指数
信贷资金分配的市场化	二级分项指数

表7.1中，"金融业的竞争"指数采用大型国有银行以外的其他金融机构在全部金融机构存款中所占份额来衡量。非国有金融机构的比例越低，行业的集中度或垄断程度越高，这会减弱市场竞争的程度。"信贷资金分配市场化"指数采用信贷资金贷给非国有企业的比例衡量，这是因为长期以来信贷资金分配给国有企业的比例始终显著高于国有企业占全社会产出的比例。信贷资金的分配偏向于国有企业，而并非完全按市场竞争的原则进行分配。由此非国有企业贷款比例的上升表明市场竞争机制的改善。

本章拟使用一级分项指数金融业市场化指数与二级分项指数金融业的竞争指数、信贷资金分配市场化指数作为衡量金融市场化的指标。由于报告中没有2018年细分指数，参考俞红海等[127]的做法，根据历年市场化指数的平均增长幅度推算得到2018年金融市场化指数数据。

4.变量的描述性统计

模型中的被解释变量为城镇家庭消费支出，核心解释变量为商品房平均销售价格，控制变量包括城镇家庭人均纯收入、城镇家庭资产总额和城镇家庭人口规模。为了消除异方差影响,更好地进行统计推断,对部分变量取自然对数处理,最终本章的变量定义及描述性统计如表7.2所示。

表7.2 变量定义及描述性统计

变量名称	变量定义	均值	标准差	最小值	最大值
$lnPce_{it}$	城镇家庭消费支出对数	10.83	0.85	7.83	15.34
$lnHp_{it}$	商品房平均销售价格对数	8.95	0.61	7.97	10.43
$lnFincom_{it}$	城镇家庭人均纯收入对数	9.77	0.99	3.91	13.61
$lnAsset_{it}$	城镇家庭资产总额对数	10.89	1.79	0.69	16.17
$Familysize_{it}$	城镇家庭人口规模	3.44	1.29	1.00	12.00
Fmd_{it}	金融市场化指数	7.83	1.57	4.01	11.56
$Ficd_{it}$	金融业的竞争指数	9.87	1.26	6.27	15.42
$Cfamd_{it}$	信贷资金市场化指数	5.86	2.58	−0.30	11.20

7.2.3 模型回归结果分析

1.门槛效应检验

本章利用Stata15统计分析软件,对样本数据进行门槛效应的检验。由于面板数据的平稳性取决于数据属性和时间序列长度,而本章使用的数据为5年短面板数据且包含3110个城镇家庭样本。

本章分别在单门槛、双门槛和三门槛的原假设下进行估计,得到两个门槛变量的门槛效应检验结果如表7.3所示。

表7.3 门槛效应检验

门槛个数	金融业的市场化指数 Fmd_{it} F统计量	P值	金融业的竞争指数 $Ficd_{it}$ F统计量	P值	信贷资金分配市场化指数 $Cfamd_{it}$ F统计量	P值
单门槛	19.850	0.333	25.830	0.108	26.490	0.320
双门槛	20.650**	0.047	38.420**	0.006	35.130***	<0.001
三门槛	12.530	0.677	23.860	0.226	29.130	0.157

注:检验结果使用自助法模拟500次后得到;***、**、*分别为在1%、5%、10%的水平上显著。

从表7.3可以看出,所建模型存在门槛效应,且金融市场化指数和金融业的竞争指数均在 5% 的置信水平上接受双门槛值的原假设，同时也拒绝单个和三个门槛值的原假设；信贷资金分配市场化指数的双门槛检验在 1% 的置信水平下显著，而单门槛和三门槛并未通过显著性检验。由此得到本章建立的模型均存在双门槛效应，金融市场化指数、金融业的竞争指数和信贷资金分配市场化指数对住房价格波动影响城镇家庭消费存在两个门槛值。进一步估计其门槛值，结果如表 7.4 所示。

表 7.4　门槛值估计结果

门槛变量	门槛值	点估计	下限	上限
金融业的市场化指数 Fmd_{it}	1	8.28	8.27	8.51
	2	8.91	8.51	8.93
金融业的竞争指数 $Ficd_{it}$	1	11.00	10.96	11.07
	2	11.19	11.13	11.25
信贷资金分配市场化指数 $Cfamd_{it}$	1	5.68	5.36	5.72
	2	6.24	6.12	6.29

从表 7.4 可以看出，金融市场化指数的门槛值为 8.28 和 8.91。基于此，我们将各地区按金融市场化指数分为三个区间，当金融市场化指数低于 8.28 时，为金融市场化程度较低的区间；当金融市场化指数处于 8.28 和 8.91 之间时，为金融市场化程度中等区间；当金融市场化指数高于 8.91 时，为金融市场化程度较高区间。在上述划分的不同区间里，城镇家庭住房资产的财富效应呈现出差异。同样地，金融业的竞争指数门槛值为 11.00 和 11.19，信贷资金分配市场化指数门槛值为 6.24 和 5.68，均可以分别划分为三个区间：金融业的竞争指数较低地区（$Ficd_{it} \leqslant 11.00$）、金融业的竞争指数中等地区（$11.00 < Ficd_{it} \leqslant 11.19$）和较高地区（$Ficd_{it} > 11.19$）；信贷资金分配市场化指数较低地区（$Cfamd_{it} \leqslant 5.68$）、信贷资金分配市场化指数中等地区（$5.68 < Cfamd_{it} \leqslant 6.24$）和较高地区（$Cfamd_{it} > 6.24$）。因此，可将模型改写为

第7章 金融市场化对城镇家庭住房财富效应的影响研究

$$\ln Pce_{it} = u_1^1 + \beta_{11}^1 \ln Hp_{it} \cdot I(Fmd_{it} \leq 8.28) + \beta_{12}^1 \ln Hp_{it} \cdot I(8.28 \leq Fmd_{it} \leq 8.91)$$
$$+ \beta_{13}^1 \ln Hp_{it} \cdot I(Fmd_{it} > 8.91) + \beta_2^1 \ln Fincom_{it} + \beta_3^1 \ln Asset_{it} + \varepsilon_{it}^1$$

$$\ln Pce_{it} = u_1^2 + \beta_{11}^2 \ln Hp_{it} \cdot I(Ficd_{it} \leq 11.00) + \beta_{12}^2 \ln Hp_{it} \cdot I(11.00 < Ficd_{it} \leq 11.19)$$
$$+ \beta_{13}^2 \ln Hp_{it} \cdot I(Ficd_{it} > 11.19) + \beta_2^2 \ln Fincom_{it} + \beta_3^2 \ln Asset_{it} + \varepsilon_{it}^2$$

$$\ln Pce_{it} = u_1^3 + \beta_{11}^3 \ln Hp_{it} \cdot I(Cfamd_{it} \leq 5.68) + \beta_{12}^3 \ln Hp_{it} \cdot I(5.68 < Cfamd_{it} \leq 6.24)$$
$$+ \beta_{13}^3 \ln Hp_{it} \cdot I(Cfamd_{it} > 6.24) + \beta_2^3 \ln Fincom_{it} + \beta_3^3 \ln Asset_{it} + \varepsilon_{it}^3$$

（7.24）

2. 面板门槛模型结果分析

为了对比研究加入门槛值前后的结果，本章同时给出实行稳健聚类标准误的双固定效应线性回归结果。结果如表7.5所示，表7.5中列（1）为面板数据回归结果，列（2）、列（3）和列（4）分别为加入金融市场化指数和信贷资金分配市场化指数门槛变量的回归结果。

表7.5 面板门槛模型的回归结果

变量名称	（1）$\ln Pce_{it}$	（2）$\ln Pce_{it}$	（3）$\ln Pce_{it}$	（4）$\ln Pce_{it}$
$\ln Hp_{it}$	−0.036 （−0.22）			
$\ln Hp_{it}$ （区制1）		1.111*** （22.100）	1.150*** （21.120）	1.079*** （23.500）
$\ln Hp_{it}$ （区制2）		1.133*** （22.140）	1.134*** （21.770）	1.104*** （23.890）
$\ln Hp_{it}$ （区制3）		1.116*** （22.630）	1.148*** （21.150）	1.082*** （23.800）
$\ln Fincome_{it}$	0.081*** （4.760）	0.102*** （7.010）	0.104*** （7.100）	0.099*** （7.890）
$\ln Asset_{it}$	0.022* （2.43）	0.045*** （5.50）	0.050*** （7.10）	0.045*** （5.49）
$Familysize_{it}$	0.143*** （7.320）	0.157*** （7.690）	0.162*** （7.970）	0.161*** （7.960）
常数项	9.126*** （7.460）	−1.194** （−2.890）	−1.566*** （−3.500）	−0.900* （−2.400）
时间固定效应	控制	控制	控制	控制
个体固定效应	控制	控制	控制	控制

从表7.5可以看出，第（1）列结果表明住房价格上涨对城镇家庭消费支出的回归系数并不显著。这很可能是因为住房价格波动带来的财富效应和挤出效应总体上存在冲抵。

第（2）列显示了金融市场化指数不同的区间下，住房价格上涨对城镇家庭消费支出的影响。当金融市场化指数低于8.28时，金融市场化水平较低，住房价格的系数为1.111，且在1%的置信性水平下显著。这一结果表明城镇家庭的住房财富效应显著；当金融市场化指数高于8.28，但低于8.91，即金融市场化水平程度较高时，住房价格上涨对城镇家庭消费支出的影响系数为1.13，且在1%的置信性水平下显著。这一结果表明住房价格上涨会显著提高城镇家庭消费支出，且财富效应更大；而当金融市场化指数大于8.91时，住房价格的系数降低为1.116，且在1%的置信性水平下显著。这一结果表明随着金融市场化指数上升至第三区间，住房价格上涨促进城镇家庭消费支出的影响逐渐减小。

第（3）列显示了金融业的竞争指数在不同的区间下，住房价格波动与城镇家庭消费支出之间的关系。当金融业的竞争指数低于11.00时，金融业的竞争相对较低，住房价格的系数为1.150，且在1%的置信性水平下显著。这一结果表明此时住房资产有财富效应；当金融业的竞争指数高于11.00但低于11.19时，住房价格对数的系数变为1.134，且在1%的置信性水平下显著。这一结果表明此区间下住房价格对城镇家庭消费支出存在显著的财富效应，但影响系数更小；而当信贷资金分配市场化值大于11.19时，住房价格对数的系数上升为1.148，且在1%的置信性水平下显著。

第（4）列显示了信贷资金分配市场化指数在不同的区间下，住房价格波动与城镇家庭消费支出之间的关系。当信贷资金分配市场化指数低于5.68时，信贷市场化水平较低，住房价格的系数为1.079，且在1%的置信性水平下显著。这一结果表明此时住房资产有财富效应；当信贷资金分配市场化指数高于5.68但低于6.24，即信贷市场化水平程度较高时，住房价格对数的系数为1.104，且在1%的置信性水平下显著。这一结果表明此区间下住房价格对城镇家庭消费支出存在显著的财富效应，且影响系数更大；而当信贷资金分配市场化指数大于6.24时，住房价格对数的系数降低为1.082，且在1%的置信性水平下显著。这一结果表明随着信贷资金分配市场化指数上升至第三区间，住房价格上涨会提高城镇家庭消费支出，但财富效应很小。

综上所述，金融市场对住房价格影响城镇家庭消费支出产生非线性作用，且该非线性影响表现为倒"U"型。

7.3 金融市场化对城镇家庭住房财富效应的空间分析

面板门槛模型结果表明在不同的金融市场化下，住房价格波动对城镇家庭消费表现为不同的影响。考虑到城镇家庭的住房状况和是否受到信贷约束对住房财富效应发挥也非常重要，因此，本章将城镇家庭异质性和金融市场化指标纳入同一个分析框架，构建空间计量模型进行深入研究。

7.3.1 空间计量模型的构建

在住房财富效应相关研究领域，学者所使用的实证模型和研究方法都不尽相同。其中，时间序列模型和面板数据模型等应用较为广泛，也有部分学者将空间计量分析方法引入相关研究。

空间计量经济学（Spatial Econometrics）最早由Paelinck在1974年荷兰统计协会年会致词时提出，它在计量经济和统计学基础上，将空间相关性、空间异质性以及其他空间特性加入研究分析中，其中涉及空间相邻、空间矩阵等概念。在空间计量模型的统计分析中，主要是研究由空间或地理位置而引起的各种特性，也即空间效应。一般做法为：设置地理位置的数据，将区域和位置可能产生的影响反映在模型中，其中地理数据可以来自空间上的点，如样本对应的经纬度坐标，也可以来自某一区域，如样本所在地区之间的相对位置。

由于区域间的相关性或者地方差异而表现为不同影响效应，类似场景下若使用空间计量方法进行研究可以发现区域间的相互作用或者差异性。由此空间计量分析方法能够很好地在涉及空间、区域差异的问题中发挥作用，因此，空间计量在很多研究领域均存在非常好的应用前景。由于住房价格表现为明显的空间特征，较多学者在住房价格的相关研究领域建立空间模型进行实证研究，而空间计量在住房财富效应研究领域应用较少。李成武和李婷[70]就是基于空间模型，使用省级面板数据对我国住房财富效应进行研究。余华义等[128]采用我国地级市面板数据，构建空间面板杜宾模型研究不同地区的住房财富效应，发现不同城市的住房财富效应不同，具有空间效应。

面板固定效应和面板门槛模型结果表明在城镇家庭样本层面，金融市场化程度会对城镇家庭住房财富效应的发挥产生影响。然而，普通面板数据模型无法显示空间层面上的影响。由此本章采用CFPS2010、2012、2014、2016和2018城镇家庭调查数据，在考虑金融市场和空间效应时，构建空间计量模型研究住房价格上涨对不同城镇家庭消费的影响。

1. 空间权重矩阵的设定

门槛模型研究表明金融市场化程度对住房财富效应存在倒"U"型的影响，本章从空间视角研究金融市场化程度对不同特征城镇家庭的住房财富效应的差异化影响。事物间的经济关系会与其所处的地理空间、位置产生紧密关联。周建军等[129]构建空间计量模型研究发现住房价格存在空间相关性。李政等[130]研究我国房价波动发现城市之间存在房价波动溢出效应。本章研究的是城镇居民住房财富效应，拟构建空间权重矩阵，利用空间面板计量模型进行考察。

空间权重矩阵代表空间单元之间的相互关联程度，即空间相关性。空间权重矩阵包括邻接矩阵、距离矩阵、反距离矩阵以及经济距离矩阵等多种类型。在空间计量研究中，正确合理地设定空间权重矩阵是至关重要的一步，空间权重矩阵不仅直接影响到模型的估计结果，还影响研究的严谨性。

刘水和任建宇[131]研究发现我国城市房价可能存在联动，具有空间等级传递的特性，由此经济距离矩阵比地理距离矩阵对住房价格空间联动更有解释性。一方面根据此前的研究可以看出，住房价格和城镇家庭消费在空间上具有一定的相关性和差异性，且金融市场差异也是造成此特性的一部分因素；另一方面，金融市场化程度相同的地区，住房财富效应的作用效果可能相似。由此为了考察住房财富的空间效应影响，本章参照经济距离空间权重矩阵的设定方法，在空间权重矩阵中加入金融市场发展水平变量为两个地区的经济规模差异。将地理位置因素和市场化程度因素两个方面同时纳入考虑范围，构建的金融市场化权重矩阵为

$$\boldsymbol{W}_c = \boldsymbol{W}_d \cdot \boldsymbol{W}_f \tag{7.25}$$

其中，W_d 为地理距离权重矩阵，方程为

$$\boldsymbol{W}_d = \begin{bmatrix} 0 & \dfrac{1}{d_{1,n}} & \cdots & \dfrac{1}{d_{1,n}} \\ \dfrac{1}{d_{1,n}} & 0 & \cdots & \dfrac{1}{d_{1,n}} \\ \vdots & \vdots & \ddots & \vdots \\ \dfrac{1}{d_{n,1}} & \dfrac{1}{d_{n,1}} & \cdots & 0 \end{bmatrix} \tag{7.26}$$

设定 $d_{i,j}$ 为地区 i 与地区 j 之间的地理距离,即质心距离或行政中心距离,将所述地区距离的倒数作为地理权重矩阵的元素。那么,与之对应的单位地区距离越大,空间权重的系数则越小,从而各个地区之间的空间相关性便能体现出来。

W_f 为衡量金融市场化相似程度的矩阵,其表达式为

$$W_f = \mathrm{diag}\left(\frac{\overline{F}_1}{\overline{F}}, \frac{\overline{F}_2}{\overline{F}}, \ldots, \frac{\overline{F}_n}{\overline{F}}\right) \tag{7.27}$$

其中,$\overline{F}_i$ 为考察时期内单位地区 i 的金融市场化。

$$\overline{F}_i = \frac{\sum_{t_0}^{t_1} F_{it}}{t_1 - t_0 + 1} \tag{7.28}$$

其中,$\overline{F}$ 为考察时期内所有地区的金融市场化。

$$\overline{F} = \frac{\sum_{i=1}^{n} \sum_{t_0}^{t_1} F_{it}}{n(t_1 - t_0 + 1)} \tag{7.29}$$

这样设置矩阵可以更好地显示出地区之间金融市场发展水平差异对居民住房财富效应的影响。

2. 空间自相关检验与空间特征分析

1）住房价格全局自相关分析

住房价格和市场上其他任何一种商品价格一样,由市场供求决定,但由于住房商品的特殊性,其供给和需求有其独有的特点。从供给角度看,土地作为住房开发的基础要素,其供给量不可能无限增长,且住房建设周期一般较长,住房的供给在短期内波动幅度有限;从需求的角度看,房子既可以居住,又可以用来投资,兼具消费、保值和增值的功能。因此,住房供给弹性系数相对较小,需求弹性系数相对较大。我国住房市场还具有独特性,一方面,住房的需求是完全的市场化运作,但是由于土地受到国家严格管制,住房的供给不再符合普通供给理论;另一方面,东

第 7 章 金融市场化对城镇家庭住房财富效应的影响研究

部地区人口密集，工业化程度高，可供建筑面积有限，住房供需矛盾更加突出，中西部地区面积广袤，土地供给相对宽松，住房需求压力较小，由此在分析住房价格波动以及空间特征时需要特别注意不同地区的住房市场供求特点。

本章首先对不同地区住房价格进行全局空间自相关分析，主要使用全局莫兰（Moran's I）指数衡量。具体地，搜集我国各地区商品房平均价格数据，利用 Stata15 统计分析软件计算每一年住房价格的 Moran's I 指数，结果如表 7.6 所示。

表 7.6 住房价格全局 Moran's I 指数表

住房价格	Moran's I	$E(I)$	SD(I)	Z 统计量	P 值
2018	0.302	−0.033	0.102	3.289	0.001
2016	0.253	−0.033	0.102	2.804	0.005
2014	0.252	−0.033	0.106	2.685	0.007
2012	0.305	−0.033	0.108	3.132	0.002
2010	0.258	−0.033	0.106	2.750	0.006

从表 7.6 可以看出，各个地区住房价格的 Moran's I 指数均在 5% 的显著性水平下大于 0。这一结果表明我国各地区住房价格存在空间相关性。

3. 空间计量模型的构建

空间计量模型有多种选择，如空间杜宾模型、空间滞后模型、空间自相关模型、空间误差模型以及广义空间面板随机效应模型等。其中，空间自回归模型考虑了内生交互效应，空间误差模型考虑了误差项之间的交互效应，而空间杜宾模型则同时考虑了内生与外生交互效应。

据此，本章初步构建空间计量模型，方程为

$$y_{it} = \rho \sum_{j=1}^{n} w_{it} y_{it} + \alpha_k X_{k,it} + \rho \sum_{j=1}^{n} w_{it} \gamma_k X_{k,it} + \beta_k Z_{k,it} + \rho \sum_{j=1}^{n} w_{it} \delta_k Z_{k,it} + \mu_i + \tau_t + \varepsilon_{it}$$

（7.30）

其中，y_{it} 为城镇家庭消费支出对数（$\ln Pce_{it}$）；$X_{k,it}$ 为商品房平均销售价格对数（$\ln Hp_{it}$）；$Z_{k,it}$ 为控制变量，包括城镇家庭人均纯收入对数（$\ln Fincom_{it}$）、城镇家庭人口规模（$Familysize_{it}$）、城镇家庭资产总额对数（$\ln Asset_{it}$）；α_k 为核心解释变量的系数；β_k 为控制变量的系数；ρ 为空间自回归系数；γ_k 和 δ_k 为解释变量和控制变量的空间反应参数；μ_i 为个体效应；τ_t 为时间效应；ε_{it} 为随机扰动项，生成过程为

$$\varepsilon_{it} = \lambda W_c \varepsilon_{it} \qquad (7.31)$$

其中，λ 为误差项空间相关系数；W_c 为经济—距离空间矩阵。

另外，当 $\lambda=\delta=\gamma=0$ 时，该模型为空间自回归模型（SAR），当 $\rho=\delta=\gamma=0$ 时，模型转变为空间误差模型（SEM），当 $\lambda=0$ 时，转换为空间杜宾模型（SDM）。

7.3.2 变量的选取与处理

本章采用由 CFPS2010、2012、2014、2016 和 2018 城镇家庭样本数据整合的微观面板数据，构建空间计量模型进行回归分析。对于空间权重矩阵，本章采用金融市场化程度指数（Fmd_{it}）作为金融市场化变量进行计算。

7.3.3 异质性城镇家庭住房财富效应的空间计量分析

1. 空间计量模型的回归分析

根据上文构建的基础模型，本章分别将模型转变为空间自回归模型（SAR）、空间误差模型（SEM）和空间杜宾模型（SDM），并利用模型对金融市场化程度差异下住房价格波动影响城镇家庭消费支出的空间效应进行实证检验，初步回归结果如表 7.7 所示。

第7章 金融市场化对城镇家庭住房财富效应的影响研究

表7.7 空间模型回归结果

变量名称	SAR	SEM	SDM
$\ln Hp_{it}$	0.550***	1.049***	−0.095
	（0.057）	（0.0848）	（0.215）
$\ln Fincom_{it}$	0.093***	0.092***	0.083***
	（0.013）	（0.018）	（0.013）
$\ln Asset_{it}$	0.036***	0.034***	0.024***
	（0.007）	（0.010）	（0.007）
$Familysize_{it}$	0.151***	0.148***	0.145***
	（0.016）	（0.020）	（0.016）
$Wx-\ln Hp_{it}$			0.500**
			（0.224）
$Wx-\ln Fincom_{it}$			0.114**
			（0.054）
$Wx-\ln Asset_{it}$			0.149***
			（0.026）
$Wx-Familysize_{it}$			0.192***
			（0.073）
变量名称	SAR	SEM	SDM
ρ/λ	0.419***	0.390***	0.190***
	（0.035）	（0.041）	（0.049）
样本量	3110	3110	3110

从表7.7可以看出，空间自回归模型下的空间自回归系数 ρ 及空间误差模型下的误差项的空间相关系数 λ 在95%置信水平上显著为正。这一结果表明城镇居民住房财富效应在不同的金融市场化下存在着显著的空间相关性。由此可以初步确定，在研究我国城镇居民住房财富效应时不能忽视地区金融市场因素和空间特征的影响，应该综合地进行考察。

对于空间自回归模型和空间误差模型，住房价格上涨会显著提高城镇家庭消费支出，而对于空间杜宾模型，城镇家庭住房财富效应不显著。这一结果表明在考虑空间误差和空间自相关项后，住房财富效应因城镇家庭特征不同和环境异质性，总体上存在冲抵。由此本章根据样本城镇家庭是否拥有住房以及是否受到信贷约束，将全体样本城镇家庭进行分组检验。

本章在进行样本分组检验之前，利用LR（似然比）检验法进行模型判别。检验结果如表7.8所示，根据LR检验结果发现模型的空间误差项

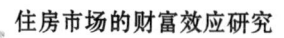

和空间滞后项都显著存在，由此本章模型拒绝简化为 SAR 或 SEM 模型，选择 SDM 模型作为最终的解释模型。

表7.8　空间计量模型的 LR 检验

指标	LR 统计值	P 值
LR test spatial error	246.97***	<0.001
LR test spatial lag	120.56***	<0.001

2. 不同住房产权城镇家庭的回归结果分析

本章基于样本城镇家庭成员是否拥有房屋产权，也即 CFPS 城镇家庭成员问卷中的问题 FQ2："您家现住房归谁所有？"以及 FR1："除现住房外是否还有房产？"，将全体样本城镇家庭分为拥有住房产权城镇家庭和无住房产权城镇家庭两组，分别将分组样本代入空间杜宾模型，同时为了进行对比，也利用固定效应模型进行基准回归，回归结果如表7.9所示。

表7.9　有房城镇家庭与无住房产权城镇家庭的回归结果

变量名称	固定效应模型 拥有住房产权城镇家庭	固定效应模型 无住房产权城镇家庭	空间杜宾模型 拥有住房产权城镇家庭	空间杜宾模型 无住房产权城镇家庭
$\ln Hp_{it}$	0.881***	−0.083	0.670**	−0.456
	（0.189）	（0.203）	（0.279）	（0.635）
$\ln Fincom_{it}$	0.149***	0.081***	0.137***	0.087***
	（0.056）	（0.023）	（0.044）	（0.018）
$\ln Asset_{it}$	0.038*	0.014	0.112**	0.028**
	（0.019）	（0.015）	（0.050）	（0.012）
$Familysize_{it}$	0.099*	0.173***	0.040**	0.180***
	（0.051）	（0.033）	（0.020）	（0.025）
常数项	0.656	9.344***	—	—
	（1.860）	（1.766）	—	—
时间	控制	控制	控制	控制
个体	控制	控制	控制	控制
样本量	330	1395	330	1395

从表7.9可以看出，无论在普通面板的固定效应模型还是空间计量模型下，住房价格对有房城镇家庭消费支出影响表现为显著的正向促进，即表现为显著的住房财富效应；而住房价格上涨会提高购房压力，从而抑制

无住房产权城镇家庭消费支出。

从普通面板和空间面板的回归结果对比来看,有房城镇家庭的消费支出均显著受到住房价格上涨的正向影响,不同的是,普通面板模型下住房价格对城镇家庭消费支出的系数为0.881,而在考虑空间和环境因素后,住房价格对城镇家庭消费支出的影响系数下降为0.670。这一结果表明在加入环境因素后拥有住房产权城镇家庭的住房财富效应产生变动,住房财富效应的发挥会受到金融市场化程度的影响,且其在以金融发展水平和距离为衡量的权重下表现为显著的空间效应。无住房产权城镇家庭财富效应会受到地区金融发展水平的影响,表现为空间相关性。因此,金融发展水平是不同类型城镇家庭的住房财富效应发挥的影响因素。

3. 不同信贷约束城镇家庭的回归结果分析

除了是否拥有住房产权外,信贷约束也是城镇家庭消费支出的重要因素。本章基于样本城镇家庭是否有尚未归还的贷款,也即是否受到信贷约束,将全体城镇家庭样本分为了受信贷约束和无信贷约束两组。分别将分组样本代入上文构建的空间杜宾模型,同时为了进行对比,也利用固定效应模型进行基准回归,回归结果如表7.10所示。

表7.10 受信贷约束与无信贷约束城镇家庭的回归结果

变量名称	固定效应模型		空间杜宾模型(SDM)	
	无信贷约束城镇家庭	受信贷约束城镇家庭	无信贷约束城镇家庭	受信贷约束城镇家庭
$\ln Hp_{it}$	0.020	−0.358	0.732***	−0.891***
	(0.172)	(0.318)	(0.277)	(0.318)
$\ln Fincom_{it}$	0.077***	0.091***	0.079***	0.092***
	(0.019)	(0.035)	(0.015)	(0.026)
$\ln Asset_{it}$	0.153***	0.125***	0.021**	0.045***
	(0.023)	(0.037)	(0.008)	(0.016)
$Familysize_{it}$	0.017*	0.039**	0.152***	0.145***
	(0.010)	(0.019)	(0.018)	(0.032)
时间	控制	控制	控制	控制
个体	控制	控制	控制	控制
样本量	2385	725	2385	725

从表7.10可以看出，住房价格上涨对无信贷约束城镇家庭消费支出的影响系数为正，即住房价格上涨会增加城镇家庭资产财富提高信贷约束城镇家庭消费支出，而对受信贷约束城镇家庭消费支出的影响系数为负。这一结果表明住房价格上涨会抑制受信贷约束城镇家庭消费支出。结果表明，在普通面板的固定效应模型下，无信贷约束城镇家庭消费支出受住房价格上涨的促进作用不明显，然而在考察了空间效应的情况后，则表现为显著的住房财富效应。同样，受信贷约束城镇家庭消费支出的系数为负，但在考虑空间环境异质性时，住房资产表现为负向的挤出效应。这很可能是因为信贷约束对城镇家庭消费支出的影响通常与地区金融市场化密切相关，虽然更高的金融发展水平意味着更多的存贷资金、更好的贷款政策以及更优越的融资渠道，这很好地缓解了受信贷约束的城镇家庭的还贷压力，但金融市场的作用和经济发展紧密关联，两者不协调也会使得金融市场对城镇家庭的缓解作用下降。

4. 金融市场化程度的分组回归分析

本章在空间杜宾模型中引入经济—距离空间权重矩阵，将样本城镇家庭根据是否拥有住房产权和有无信贷约束进行分组回归，研究在金融市场化程度差异下住房财富效应的城镇家庭异质性。研究结果表明在考虑不同城镇家庭分组时，住房财富效应的方向和大小均不相同。由此本章对金融市场化的具体影响做出进一步验证。具体地，将样本城镇家庭所在城市按照金融市场的发展程度进行排序分组[1]，基于空间杜宾模型进行实证回归，同时为了考察不同特征的城镇家庭面对金融市场化差异时不同的行为决

---

[1] 金融市场化程度较低地区：陕西、西藏、青海、天津、贵州、黑龙江、云南、北京、甘肃、新疆；金融市场化程度中等地区：湖北、内蒙古、四川、海南、安徽、吉林、湖南、山西、广西、重庆；金融市场化程度较高地区：福建、辽宁、宁夏、上海、江西、广东、河北、河南、浙江、山东、江苏。

策，本章加入了有购房计划城镇家庭、受信贷约束城镇家庭和无信贷约束城镇家庭的分组进行回归，结果如表 7.11 所示。

表 7.11 金融市场发展程度分组回归结果

变量名称	金融市场发展程度较低地区		金融市场发展程度中等地区		金融市场发展程度较高地区	
城镇家庭类型	全体样本	有购房计划城镇家庭	全体样本	有购房计划城镇家庭	全体样本	有购房计划城镇家庭
$\ln Hp_{it}$	0.559**	−0.745	12.101**	12.241**	−0.993***	−1.022***
	(0.242)	(0.610)	(4.887)	(5.223)	(0.356)	(0.351)
$\ln Fincom_{it}$	0.143***	0.119***	0.079***	0.083*	0.063***	0.065***
	(0.035)	(0.038)	(0.022)	(0.047)	(0.018)	(0.015)
$\ln Asset_{it}$	0.051***	0.005	0.021*	0.053**	0.012	0.014
	(0.017)	(0.019)	(0.012)	(0.021)	(0.011)	(0.009)
$Familysize_{it}$	0.022	0.021	0.238***	0.168***	0.122***	0.154***
	(0.042)	(0.054)	(0.027)	(0.051)	(0.022)	(0.019)
样本量	585	390	1100	360	1425	2030
城镇家庭类型	无信贷约束城镇家庭	受信贷约束城镇家庭	无信贷约束城镇家庭	受信贷约束城镇家庭	无信贷约束城镇家庭	受信贷约束城镇家庭
$\ln Hp_{it}$	0.469	0.482	−0.043	1.297	−2.184	2.169***
	(0.928)	(0.410)	(0.592)	(1.812)	(2.352)	(1.400)
$\ln Fincom_{it}$	0.0940**	0.0969	0.0985*	0.1145	0.0669***	0.0726**
	(0.042)	(0.074)	(0.056)	(0.079)	(0.017)	(0.029)
$\ln Asset_{it}$	0.012	−0.008	−0.002	0.168***	0.019**	0.011
	(0.021)	(0.035)	(0.023)	(0.036)	(0.010)	(0.019)
$Familysize_{it}$	0.118*	−0.086	0.151***	0.162*	0.159***	0.153***
	(0.063)	(0.090)	(0.057)	(0.090)	(0.021)	(0.037)
样本量	315	130	275	130	1785	455

从表 7.11 可以看出，本章将样本城镇家庭所处地区按照金融发展程度分为三组，分别为金融市场化程度较低、中等和较高地区。从模型回归结果可以看出，不同金融市场化程度的城市，住房价格影响消费支出的作用差异明显，这也验证了前文的假设。

从金融市场化程度分组回归结果来看，区域异质性和金融市场化差异性较为突出，对比全体样本的空间杜宾模型结果可以发现在考虑城镇家庭和环境差异时，住房财富效应表现得更显著且存在方向和大小的差异。

在金融市场化程度较低的地区，住房价格上涨会使城镇家庭消费支出以55.9%比例上涨；而在金融市场化程度中等地区，住房价格对数与城镇家庭消费支出对数之间的系数上升为12.101。这一结果表明金融市场发展水平上升增加了住房财富效应作用；然而金融市场化程度较高地区分组结果表明住房价格上涨与城镇家庭消费支出表现为负向关系，即住房价格上涨抑制了城镇家庭消费支出。金融市场发展程度较高地区的居民，在面对住房价格上涨时，会更倾向于将增加的城镇家庭资产财富用于储蓄或投资，而不是城镇家庭消费支出。

从有购房计划城镇家庭分组与全体样本的对比来看，金融市场化程度较低地区的有购房计划城镇家庭在面对住房价格上涨时，倾向于减少消费支出增加储蓄，从而为购买住房准备资金；金融市场化程度中等地区的计划购房城镇家庭通过贷款融资等方式筹备资金的渠道增加且更为方便，所以此时负向住房财富效应减弱，住房价格上涨增加城镇家庭消费支出；而在金融市场化程度高的地区，有购房计划城镇家庭表现为显著的负向住房财富效应，即住房价格上涨降低城镇家庭消费支出。这很可能是因为一方面，金融市场发展往往伴随着经济发展水平上升，经济发展迅速意味着居民预期住房价格的增长，由此会倾向于节省开支同时更加努力地储蓄；另一方面，金融市场化程度的提升代表着金融产品和金融工具不断丰富，金融机构也在不断壮大，可能使城镇家庭增加投资理财削减消费支出。

从信贷约束分组来看，金融市场化对无信贷约束城镇家庭的影响不大，但较高的金融市场化会显著增强住房价格上涨对受信贷约束城镇家庭的财富效应。因此，较好的金融市场化会缓解信贷约束，从而增加城镇家庭消费支出。

7.3.4 稳健性检验

本章为了检验门槛回归结果是否可靠，将金融市场化变量替换为存贷余额与GDP之比，变量名称用Fm_{it}表示，将其代入面板门槛模型进行稳健性检验，结果如表7.12所示。

表7.12 稳健性检验

门槛变量	$lnFincom_{it}$	$lnAsset_{it}$	$Familysize_{it}$	$lnHp_{it}$ $Fm_{it} \leq 3.65$	$lnHp_{it}$ $3.65 \leq Fm_{it} \leq 4.69$	$lnHp_{it}$ $Fm_{it} \leq 4.69$	常数项
Fm_{it}	0.099***	0.047***	0.163***	1.102***	1.118***	0.901***	−0.640
	（0.014）	（0.008）	（0.018）	（0.050）	（0.049）	（0.049）	（0.390）

从表7.12可以看出，将存贷款余额与GDP之比作为门槛变量时，样本城镇家庭住房财富效应表现为非线性变动，且存在双门槛。当存贷款余额与GDP比小于3.65时，处于第一区制，此时住房价格上涨会显著以1.102的系数提升城镇家庭消费支出；当存贷款余额与GDP比大于3.65且小于4.69时，处于第二区制，住房价格影响城镇家庭消费支出的系数增加为1.118；当存贷款余额与GDP比大于4.69，住房价格与城镇家庭消费支出之间的系数下降为0.901，也即促进作用在第三区制稍有减弱。该结果也验证了假设。这一结果表明回归结果具有稳健性。

7.4 本章小结

本章对金融市场影响城镇家庭住房财富效应的影响机制进行研究，包括作用路径和作用机理研究，在已有的研究成果基础上进行拓展，并提出了假设。理论研究发现金融市场化程度会对住房财富效应产生影响，且不同特征城镇家庭的住房财富效应受到的影响不同。

然后，本章采用由CFPS2010、2012、2014、2016和2018城镇家庭调

住房市场的财富效应研究

查数据整合的微观面板数据，构建面板门槛模型对在不同金融发展市场化程度下住房财富效应的非线性变动进行研究。模型结果表明：①城镇家庭住房财富效应并不显著。这一结果表明不考虑城镇家庭特征和金融市场化程度时，住房价格上涨对城镇家庭消费支出的影响无法辨别。②随着金融市场化指数和信贷资金分配市场化指数的改变，住房财富效应表现为非线性结构变动。③随着金融市场化程度的上升，住房价格上涨刺激城镇家庭消费支出的影响表现为倒"U"型，相关回归系数先上升后下降。

最后，本章基于我国金融市场化程度较低且区域间差异较大的现实背景，采用CFPS2010、2012、2014、2016和2018城镇家庭调查数据以及《中国分省份市场化指数报告（2018）》中金融市场化数据，构建空间杜宾模型，从空间角度研究住房价格波动对城镇家庭消费支出的影响，以及不同金融市场化程度和城镇家庭特征差异对这一影响的调节。模型结果表明：①金融市场化程度对城镇家庭住房财富效应的影响存在显著的双门槛效应。随着金融业的发展和信贷资金市场化程度的提高，城镇家庭的住房财富效应先上升后下降。②拥有住房产权城镇家庭的住房财富效应显著为正，而无住房产权城镇家庭的住房财富效应不显著，且金融市场化对拥有住房产权城镇家庭和无住房产权城镇家庭之间的财富效应差距有明显的缩减作用；考虑金融市场化程度时，无信贷约束城镇家庭在面对住房价格波动时表现为显著的正向住房财富效应，而受信贷约束城镇家庭表现为显著的负向住房财富效应。③金融市场化程度较低地区城镇家庭表现为较弱的正向住房财富效应，中等地区城镇家庭表现为较强的正向住房财富效应，而金融市场化程度较高地区城镇家庭表现为挤出效应。

第8章 住房市场财富效应的研究总结

本书从多个方面研究住房市场的财富效应。首先,本章基于实证研究整理本书的主要研究结论;然后,本章基于实证研究结果提出如何提高住房市场财富效应的政策建议;最后,本章进一步指出研究不足与展望。

8.1 住房市场财富效应的主要研究结论

本书第2章采用CFPS2014数据,首先构建多元线性回归模型研究住房价格波动对城镇家庭消费支出的影响,然后构建分位数回归模型研究住房价格波动对城镇家庭消费结构的影响。通过研究得出以下结论:①住房价格上涨会同时提高城镇家庭生存型、享受型和发展型消费支出,其中对享受型消费支出的提高幅度最大。因此,住房价格上涨会促进城镇家庭消费,且有利于消费结构升级。适度的住房价格上涨有利于优化城镇家庭消费结构升级,而过度的住房价格上涨容易引发系统性金融风险。②随着城镇家庭消费支出的增加,住房市场的财富效应越来越小。政府应该鼓励城镇家庭通过降低消费支出购买住房,以满足刚性需求和改善性需求。同时,政府应该发展住房抵押贷款证券化市场。住房抵押贷款证券化能吸引城镇家庭扩大住房消费，并通过住房衍生消费形成新的消费热点，最终拉动国内消费需求。③住房价格上涨会使生存型消费支出越高的城镇家庭消费提高得越少，而使发展型消费支出越高的城镇家庭消费提高得越多。随着城镇家庭享受型消费支出的增加，住房价格上涨会使城镇家庭消费提高的幅度先上升后下降。政府应该实施对发展型消费品对应的行业进行价格补贴等政策，鼓励城镇家庭多消费发展型消费品，从而提高城镇家庭生活质量。

第3章根据拥有住房套数，将城镇家庭划分为城镇无房家庭、城镇刚需家庭和城镇投资家庭。首先，本章构建投入产出价格模型研究发现住房价格与八大类消费品价格之间表现为较为稳定的正向关系。然后，本章采用CFPS2014数据，在QUAIDS模型中加入反映家庭拥有住房套数的人口特征变量，研究住房套数对城镇家庭消费结构的影响。最后，本章利用补偿变动方法研究住房套数对城镇家庭福利的影响。通过研究得出以下结论：①与城镇投资家庭相比，城镇无房家庭的三种层次消费品价格受住房价格上涨的影响均更大，而城镇刚需家庭的三种层次消费品价格受住房价格上涨的影响均更小。其中，住房价格上涨10%使城镇无房家庭的生存型、享受型和发展型消费品价格上涨幅度分别为0.24%、0.36%和0.31%。②住房价格上涨不利于城镇家庭消费结构升级，且对城镇无房家庭的消费结构升级最不利。其中，住房价格上涨10%使城镇无房家庭分别减少0.50%的享受型消费品需求、0.30%的发展型消费品需求、0.25%的生存型消费品需求。③住房价格上涨会恶化城镇家庭福利，且与城镇投资家庭相比，住房价格上涨更有利于城镇刚需家庭福利，而更不利于城镇无房家庭福利。以上研究结果表明为了优化消费结构和提高福利，政府应该首先关注城镇无房家庭。

第4章研究住房价格波动对异质性自有住房家庭消费率的影响。本

第8章 住房市场财富效应的研究总结

章构建的 DSGE 模型不仅引入自有住房家庭和厂商的异质性，还引入银行系统，并将住房引入储蓄型家庭和借贷型家庭效用函数与住房开发企业生产函数中，以研究住房价格波动对异质性自有住房家庭消费率的影响。本章直接对水平形式的包括储蓄型家庭消费率和借贷型家庭消费率变量的非线性随机差分方程组进行估计。为了研究在最低首付比调低背景下，住房偏好冲击对异质性自有住房家庭消费率的影响，本章对借贷型家庭贷款价值比稳态值进行反事实仿真。在改变借贷型家庭贷款价值比稳态值而保持其他参数和变量稳态值不变的条件下，本章比较储蓄型家庭消费率和借贷型家庭消费率对住房偏好冲击的脉冲响应差异。通过研究得出以下结论：①受到住房偏好冲击，住房价格波动对自有住房家庭消费率影响为弱直接财富效应和弱替代效应，且对储蓄型家庭影响的直接财富效应大于替代效应，对借贷型家庭消费率影响的直接财富效应和资产负债表效应之和大于替代效应。②最低首付比的适度调低会扩大住房价格对住房偏好冲击的脉冲响应。由于中央银行使用宏观审慎政策，最低首付比的过度调低不会使住房价格变动很多，一定程度上防范了商业银行的信贷风险，验证了动态贷款价值比宏观审慎政策工具的有效性。③最低首付比的适度调低使住房价格波动对自有住房家庭消费率影响的直接财富效应显著，且对借贷型家庭消费率影响的资产负债表效应显著。但最低首付比的过度调低使住房价格波动对自有住房家庭消费率影响的替代效应显著。住房价格波动的方差分解结果表明在宏观审慎监管框架下，住房价格波动对于住房偏好冲击十分敏感。

第 5 章以新凯恩斯主义经济理论为基础，构建包括耐心家庭、缺乏耐心家庭、住房开发企业、最终产品厂商、商业银行和中央银行六个微观经济主体的新凯恩斯 DSGE 模型研究货币政策调控住房市场的规则选择。其中，本章运用福利分析方法得到货币政策规则方程的最优反应系数。最优简单规则 OSR 工具箱研究结果表明最优福利损失函数中通货膨胀率的福利损失 2 倍于产出的福利损失，而 4 倍于利率变动的福利损失。最优货币政策规则中利率对通货膨胀率、产出和货币供给增长率的反应系数分别为1.31、0.78 和 0.64。脉冲响应图结果表明当前持续的扩张性货币政策可能会捅破住房价格泡沫，从而引发系统性金融风险。紧缩性货币政策虽然能抑制住房价格泡沫，但会引发经济硬着陆风险。

然后，由于房价泡沫的度量是研究货币政策调控力度的前提，本章选取房价收入比作为度量我国房价泡沫较为合理的指标。我们将构建一个模型，从理论上找到平均而言我国城镇家庭能够合理承受的最大房价收入比。一旦找到此比值，我们将其与运用统计数据得到的我国城市现实的房价收入比相比较，即可以度量出当前我国住房市场泡沫的程度。本章构建了 ARIMA（2，1，2）模型预测 2017—2021 年房价泡沫的变动趋势。进一步地，基于最优货币政策调控住房市场的有效性以及房价泡沫的度量研究结果，本章试图为政府提供随房价泡沫变动的调控力度政策建议，以权衡在防范系统性金融风险和经济硬着陆风险之间的两难选择。ARIMA 模型结果表明 2019—2021 年期间，2019 年我国系统性金融风险最大。政府实施的紧缩性货币政策调控力度最大，以防范系统性金融风险。而 2020 年我国系统性金融风险最小，政府实施的紧缩性货币政策调控力度最小，甚至可能实施扩张性货币政策，以防范经济硬着陆风险。

第 6 章在 DSGE 模型中引入宏观审慎政策和预期到的货币政策冲击，以研究双支柱调控框架下预期到的货币政策冲击对住房市场财富效应的影响。（累积）脉冲响应图结果表明对货币政策冲击的预期不能有效控制住房价格，但会使住房价格影响无信贷约束家庭消费率的直接财富效应以及影响受信贷约束家庭消费率的资产负债表效应更显著。而受到预期到的货币政策冲击，限贷政策的收紧能有效控制住房价格，但会使住房价格影响

第 8 章 住房市场财富效应的研究总结

无信贷约束家庭消费率的直接财富效应以及影响受信贷约束家庭消费率的资产负债表效应更不显著。以上研究结果表明对货币政策冲击的预期以及限贷政策的收紧均不能解决防范金融系统性风险和扩大内需之间的两难选择。在经济上行时，为了防范金融系统性风险，政府应该降低家庭对货币政策冲击的预期，同时实施降低贷款价值比的宏观审慎政策。而在经济下行时，为了扩大内需，政府应该加强家庭对货币政策冲击的预期，同时实施提高贷款价值比的宏观审慎政策。

第 7 章采用由 CFPS2010、2012、2014、2016 和 2018 城镇家庭调查数据整合的微观面板数据，将金融市场化程度因素与家庭特征纳入同一个分析框架，聚焦与住房财富效应最为相关的金融市场化，研究金融市场化对城镇家庭住房财富效应的影响。固定效应模型回归结果表明住房价格上涨对城镇家庭消费支出的影响并不显著。但门槛回归结果表明金融市场化程度指数和信贷资金市场化指数均存在双门槛，整体来看，加入门槛后，住房财富效应更加显著且表现为正向。随着门槛变量的提高，住房价格波动对城镇家庭消费支出的影响方向表现为先上升后下降。这一结果表明金融市场发展对城镇家庭住房财富效应的影响方向总体上呈倒"U"型。因此，一定程度的金融市场化会助推住房价格上涨对城镇家庭消费支出的刺激作用，有利于城镇家庭的住房资产财富转换为消费支出，但过高的金融市场化可能伴随着监管机制无法同步等问题不会提高城镇家庭消费支出，甚至降低城镇家庭消费支出。空间计量模型回归结果表明金融市场化会对城镇家庭住房财富效应产生影响。在考虑金融市场化程度变动后，住房价格波动对城镇家庭消费支出的影响更显著。金融市场化程度的调节作用对受信贷约束城镇家庭更显著。金融市场化程度越高，越能帮助缓解受信贷约束城镇家庭的信贷约束压力，更有利于提高城镇家庭消费支出。因此，利用金融市场疏通和强化信贷效应传导路径对将住房财富转为家庭消费支出至关重要。异质性城镇家庭在不同金融市场化下的住房财富效应具有不同的变化。住房价格上涨使拥有住房产权城镇家庭产生正向的住房财富效应，而无住房产权城镇家庭会因住房价格上涨而降低消费支出。受信贷约束城镇家庭在面对住房价格上涨时表现为显著的挤出效应，而无信贷约束城镇家庭表现为显著的财富效应。因此，凭借经验和宏观数据的直接简单指出在我国住房价格攀升导致消费支出疲软是不完全准确的。

8.2 提高住房市场财富效应的政策建议

住房市场财富效应研究的落脚点是调控住房市场，以扩大内需。本书从多个方面研究住房市场的财富效应。本章基于实证研究结果提出如何提高住房市场财富效应的政策建议。

住房价格上涨会同时提高城镇家庭生存型、享受型和发展型消费支出，其中对享受型消费支出的提高幅度最大。因此，住房价格上涨会促进城镇家庭消费，且有利于消费结构升级。适度的房价上涨有利于优化城镇家庭消费结构升级，而过度的房价上涨容易引发系统性金融风险。随着城镇家庭消费支出的增加，住房市场的财富效应越来越小。政府应该鼓励家庭通过降低消费支出购买住房，以满足刚性需求和改善性需求。同时，政府应该发展住房抵押贷款证券化市场。住房抵押贷款证券化能吸引城镇家庭扩大住房消费，并通过住房衍生消费形成新的消费热点，最终拉动国内消费需求。住房价格上涨会使生存型消费支出越高的城镇家庭消费提高得越少，而使发展型消费支出越高的城镇家庭消费提高得越多。随着城镇家庭享受型消费支出的增加，住房价格上涨会使城镇家庭消费提高的幅度先上升后下降。政府应该实施对发展型消费品对应的行业进行价格补贴等政策，鼓励城镇家庭多消费发展型消费品，从而提高城镇家庭生活质量。为了优化消费结构和提高福利，政府应该首先关注城镇无房家庭。

当前在宏观审慎框架还不完善的情况下，过低的最低首付比甚至"零首付"等限贷放松政策的出台将会进一步推高住房价格，从而加大银行住房信贷风险。为了预防和化解时间维度的系统性金融风险，中国人民银行应该不断完善宏观审慎框架。但当前我国宏观审慎框架的确立存在机制不完善和政治经济方面的限制等问题，不能完全预防和化解时间维度的系统性金融风险。借鉴国外发达国家完善宏观审慎框架的经验，结合我国金融市场实际发展情况，政府应充分考虑金融市场中的具体问题、市场主体以及时间窗口之间的关系。同时，政府应该尝试建立一个稳健的国家资产负债表，以降低金融摩擦带来的成本，预防和化解时间维度的系统性金融风险。

当前持续的扩张性货币政策可能会捅破住房价格泡沫，从而引发系统性金融风险。紧缩性货币政策虽然能抑制住房价格泡沫，但会引发经济硬着陆风险。2019—2021年期间，2019年我国系统性金融风险最大。政府实施的紧缩性货币政策调控力度最大，以防范系统性金融风险。而2020年我国系统性金融风险最小，政府实施的紧缩性货币政策调控力度最小，甚至可能实施扩张性货币政策，以防范经济硬着陆风险。对货币政策冲击的预期以及限贷政策的收紧均不能解决防范金融系统性风险和扩大内需之间的两难选择。在经济上行时，为了防范金融系统性风险，政府应该降低家庭对货币政策冲击的预期，同时实施降低贷款价值比的宏观审慎政策。而在经济下行时，为了扩大内需，政府应该加强家庭对货币政策冲击的预期，同时实施提高贷款价值比的宏观审慎政策。

住房财富效应的发挥取决于金融市场化程度、家庭的资产状况、信贷约束和年龄结构等。推进金融市场化的同时关注金融市场的优化。要逐步推进多样化住房金融产品，积极进行金融市场的改革，促进系列金融产品的创新，最大化住房价格上涨带来的收益。目前，我国的金融市场发展较为落后，金融产品单一，融资渠道较为缺乏，信贷效应无法发挥更大作用。"住房资产再融资"是住房财富效应发挥的前提条件之一，可以促进有房家庭利用住房资产进行抵押，再融资，进而增加可支配收入，促进消费。因此，应该积极倡导金融产品的创新，加强金融市场化、金融信贷市场化建设，为有房家庭住房财富的增加转化为消费支出提供可靠渠道；同时，给予金融机构一定程度的自主权，为无房家庭或者计划购买住房的家庭提供多样化信贷渠道和信贷产品，减少买房首期支付的费用和贷款利率，从而降低购房者的财务压力，提高其支付能力，削弱负向住房财富效应；此外，还要完善金融市场的监管机制，改善金融组织体系，优化金融市场化，为居民提供更安全、有利的平台或渠道，增强金融市场化为住房财富效应发挥带来的利好。

将不同城市的具体情况和环境差异考虑在内，因城施策、分类指导，增强政策的实施效果，构建住房和金融市场健康发展的长效机制。我国住房市场起步较晚，住房市场的不成熟和调控政策走向的不稳定增加了住房市场风险，使得住房价格波动较大，情绪波动剧烈。比如以往的限购限贷政策虽然短时期内达到了"抑制住房价格上涨"的目的，但却损害了住房市场机制的正常运作，增加了市场的不确定性，使得消费者难以形成稳定的住房价格预期，进而制约了住房价格上涨对消费的促进作用。我们的研究结果表明住房市场情绪对住房租买选择和财富效应具有重要作用。因此，当政府制定住房政策时，不仅仅要考虑如何控制住房价格恶性上涨，更重要的是要考虑政策实施后对整个市场情绪的影响。由此政府应该加快建立促进住房市场健康可持续发展的长效机制，以控制过度的投资动机，同时警惕住房价格下跌对消费的抑制效应，稳定住房市场，避免住房价格过度波动，促进住房财富效应的发挥，从而进一步拉动内需并促进经济平稳增长。此外，我国不同地区住房市场分化较为严重，在制定宏观调控政策时应充分考虑各地区住房市场的发展状况，根据各地的发展状况按照一定的节奏采取较为灵活的调控政策，因城施策、分类指导，夯实城市政府主体责任，促进不同地区住房市场协调均衡的发展。

完善房屋租赁市场，积极推进公租房和经济适用房的建设。住房价格的过度上涨会降低城市吸引力，导致人才外流，且会影响现有流动人口的生活水平，进而会对这些城市的长远发展产生负面影响。这几年"逃离北上广"的现象也从侧面印证了这一点。针对这些现象，政府一方面可以高端人才实施购房补贴，提供经济适用房，提高住房的可支付性；另一方面应加大对廉租住房的财政资金投入，保障基层工作者和低收入人群的基本住房问题，此外，完善租赁住房市场的建设，关注租房者的福利，并帮助他们从住房市场和经济增长中受益，从而实现家庭和家庭之间相对平衡的消费结构。这些措施能够吸引更多的人才和积累人力资本，进而提高城市的竞争力以及促进经济持续发展。此外，完善租赁市场对社会稳定和避免两极分化也有积极的影响。

8.3 研究不足与展望

本书的研究不足与展望具体为以下两个方面：

（1）第2、3和7章采用CFPS数据进行研究。在采用CFPS等家庭微观调查数据进行研究时，未来应该进一步利用Heckman两步法克服可能产生的样本选择性偏误问题。然后，现有CFPS数据更新至2018年，第7章只能将CFPS2010、2012、2014、2016和2018家庭调查数据进行匹配整合。为了保护受访户信息，CFPS未提供省级以下的区县具体信息，第7章使用受访家庭所在省（自治区和直辖市）信息匹配地区变量以及生成空间权重，实证结果可能因此存在偏误。

（2）本书分别构建分位数回归模型、投入产出价格模型、QUAIDS 模型、DSGE 模型、面板门槛模型和空间计量模型进行研究，未来应该构建不同的计量经济模型进行研究和比较，从而显现出本书所构建模型的优势。

参考文献

[1] 徐妍, 安磊. 中国房价上涨抑制了家庭消费吗?——房价影响消费的多渠道机制分析[J]. 中央财经大学学报, 2019 (12): 90-105.

[2] 周利, 张浩, 易行健. 住房价格上涨、家庭债务与城镇有房家庭消费[J]. 中南财经政法大学学报, 2020 (1): 68-76.

[3] 董照樱子. 基于家庭异质性与市场环境视角的中国住房财富效应研究[D]. 浙江: 浙江大学, 2019.

[4] 李江一. "房奴效应"导致居民消费低迷了吗?[J]. 经济学(季刊), 2018, 17 (1): 405-430.

[5] 李春风, 刘建江, 齐祥芹. 房地产价格对我国城镇居民消费的长短期影响研究[J]. 财经理论与实践, 2018, 39 (1): 104-110.

[6] 刘颜, 周建军. 城市房价上涨促进还是抑制了城镇居民消费?[J]. 消费经济, 2019, 35 (1): 49-56.

[7] 李江涛, 孙启伟, 纪建悦. 住房价格、流动性约束与居民消费率——基于我国34个大中城市面板数据的门槛回归分析[J]. 金融发展研究, 2018 (12): 23-27.

[8] 黎泉,张波,林靖欣.住房价格对居民消费的影响研究——基于我国35个大中城市面板数据分析[J].消费经济,2018,34(2):72-78.

[9] 田龙鹏.住房价格、居民收入水平与消费升级——基于面板分位数回归方法的分析[J].消费经济,2019,35(6):61-69.

[10] 黄燕芬,张超,田盛丹.人口年龄结构和住房价格对城镇居民家庭消费的影响机理[J].人口研究,2019,43(4):17-35.

[11] 牛虎.住房价格波动对居民消费的"挤出效应"分析[J].商业经济研究,2020(1):41-43.

[12] 汪伟,刘志刚,龚飞飞.高房价对消费结构升级的影响:基于35个大中城市的实证研究[J].学术研究,2017(8):87-94,177-178.

[13] 张冲.房价波动对居民消费的影响研究——基于消费总量与结构的双重视角[J].价格理论与实践,2017(4):68-71.

[14] 刘玉飞,周颖洁,杨政宇.住房财富价值与居民家庭消费结构升级——来自CFPS(2014)数据的证据[J].河北经贸大学学报,2018,39(4):17-29.

[15] 胡翠,许召元.人口老龄化对储蓄率影响的实证研究——来自中国家庭的数据[J].经济学(季刊),2014,13(4):1345-1364.

[16] Huang M, Lu B. Measuring the Housing Market Demand Elasticity in China—Based on the Rational Price Expectation and the Provincial Panel Data [J]. Open Journal of Social Sciences, 2016, 4(1): 21-25.

[17] 廖海勇,陈璋.房地产二元属性及财富效应的区域差异研究[J].财贸研究,2015(1):47-54.

[18] Clancy D, Cussen M, Lydon R. Housing Market Activity and Consumption: Macro and Micro Evidence [J]. Reamonn Lydon, 2014.

[19] 黄静, 屠梅曾. 房地产财富与消费：来自于家庭微观调查数据的证据 [J]. 管理世界, 2009 (7): 35-45.

[20] 杭斌. 住房需求与城镇居民消费 [J]. 统计研究, 2014, 31 (9): 31-36.

[21] Berger D, Guerrieri V, Lorenzoni G, Vavra J. House Prices and Consumer Spending [J]. Social Science Electronic Publishing, 2015.

[22] 祝梓翔, 邓翔, 杜海韬. 房价波动、住房自有率和房地产挤出效应 [J]. 经济评论, 2016 (5): 52-67.

[23] 李涛, 陈斌开. 家庭固定资产、财富效应与居民消费：来自中国城镇家庭的经验证据 [J]. 经济研究, 2014 (3): 62-75.

[24] 毛中根, 桂河清, 洪涛. 住房价格波动对城镇居民消费的影响分析 [J]. 管理科学学报, 2017 (4): 17-31.

[25] 石永珍, 王子成. 住房资产、财富效应与城镇居民消费——基于家户追踪调查数据的实证分析 [J]. 经济社会体制比较, 2017 (6): 74-86.

[26] 张浩, 易行健, 周聪. 房产价值变动、城镇居民消费与财富效应异质性——来自微观家庭调查数据的分析 [J]. 金融研究, 2017 (8): 50-66.

[27] He Z, Ye J, Shi X. Housing Wealth and Household Consumption in Urban China [J]. Urban Studies, 2020, 57 (8): 1714-1732.

[28] 颜文聪, 陈力朋, 周曼扬. 房价预期对居民家庭消费行为的影响——

基于微观调查数据的实证分析[J]. 金融与经济, 2019(9): 57-62.

[29] 王翌秋, 管宁宁. 住房信贷会削弱"财富效应"吗?——基于CFPS数据对房产财富效应的再检验[J]. 中南财经政法大学学报, 2019(3): 94-104, 159-160.

[30] 赵昕东, 汪勇. 食品价格上涨对不同收入等级城镇居民消费行为与福利的影响——基于QUAIDS模型的研究[J]. 中国软科学, 2013(8): 154-162.

[31] 韩啸, 胡冰川, 齐皓天, 等. 食品价格变化对中国农村居民消费行为与福利影响研究[J]. 价格理论与实践, 2016(6): 100-103.

[32] Cranfield J, Henson S, Northey J, et al. An Assessment of Consumer Preference for Fair Trade Coffee in Toronto and Vancouver[J]. Agribusiness, 2010, 26(2): 307-325.

[33] 赵昕东, 王小叶. 食品价格上涨对城镇家庭消费与福利影响研究——基于EASI模型[J]. 财经研究, 2016, 42(3): 51-68.

[34] 杨赞, 张欢, 赵丽清. 中国住房的双重属性: 消费和投资的视角[J]. 经济研究, 2014, 49(S1): 55-65.

[35] Gan J. Housing Wealth and Consumption Growth: Evidence from a Large Panel of Households[J]. Review of Financial Studies, 2010, 23(6): 2229-2267.

[36] 赵昕东, 夏之垚. 住房价格上涨是否挤占居民消费——基于SVAR模型的实证研究[J]. 学习与探索, 2015(8): 100-103.

[37] 祝丹, 赵昕东. 房价的"涨"与"跌"对居民消费的非对称性影响研究——基于中国省际面板数据的实证检验[J]. 宏观经济研究, 2016(4): 38-47, 87.

[38] 况伟大. 房价变动与中国城市居民消费[J]. 世界经济, 2011, 34（10）: 21-34.

[39] 颜建晔, 张超, 祝伟. 房价上涨是否显著增加有房家庭的消费？——基于中国家庭行为的理论与实证分析[J]. 改革, 2019（11）: 63-74.

[40] Burrows V. The Impact of House Prices on Consumption in the UK: A New Perspective[J]. Economica, 2018, 85（337）: 92-123.

[41] Roiste M, Fasianos A, Kirkby R, et al. Are Housing Wealth Effects Asymmetric in Booms and Busts?[J]. The Journal of Real Estate Finance and Economics, 2021, 62（4）: 578-628.

[42] 王凯, 庞震. 我国房价上涨对居民消费的影响: 财富效应还是挤出效应?[J]. 华东经济管理, 2019（4）: 102-107.

[43] 赵胜民, 罗琦. 金融摩擦视角下的房产税、信贷政策与住房价格[J]. 财经研究, 2013, 39（12）: 72-84, 99.

[44] 李剑, 臧旭恒. 住房价格波动与中国城镇居民消费行为——基于2004—2011年省际动态面板数据的分析[J]. 南开经济研究, 2015（1）: 89-101.

[45] 徐茂魁, 陈丰, 吴应宁. 后金融危机时代中国货币政策的两难选择——抑制通货膨胀还是促进经济增长[J]. 财贸经济, 2010（4）: 20-25.

[46] 任碧云, 高鸿. 关于我国货币政策促进经济增长的研究[J]. 经济问题, 2010（2）: 76-79.

[47] Brubakk L, Elekdag S, Maih J. The Interactions Between Financial Frictions and Monetary Policy for Small Open Economies, IMF and Norges Bank[R]. Working paper, 2007.

[48] Taylor J B. The Financial Crisis and the Policy Responses: An Empirical Analysis of What Went Wrong [J]. NBER Working Paper, 2009.

[49] Dokko J, Doyle B, Kiley M T, et al. Monetary policy and the housing bubble [J]. Finance & Economics Discussion, 2009, 46 (3): 437-451.

[50] Mcdonald J F, Stokes H H. Monetary Policy and the Housing Bubble [J]. The Journal of Real Estate Finance and Economics, 2013, 46 (3): 1-15.

[51] 张红, 李洋. 房地产市场对货币政策传导效应的区域差异研究——基于GVAR模型的实证分析 [J]. 金融研究, 2013 (2): 114-128.

[52] 巴曙松, 田磊. 房价波动、货币政策与经济周期波动：一个DSGE分析框架 [J]. 当代财经, 2015 (8): 3-16.

[53] 谭政勋, 王聪. 房价波动、货币政策立场识别及其反应研究 [J]. 经济研究, 2015 (1): 67-83.

[54] 王柏杰, 冯宗宪. 金融支持过度、房地产价格泡沫和货币政策有效性——以京、津、沪、渝为例 [J]. 山西财经大学学报, 2012 (12): 48-57.

[55] 黄宪, 王书朦. 资产价格波动与货币政策调控 [J]. 当代经济研究, 2013 (9): 37-44.

[56] Giuliodori M. The Role of House Prices in the Monetary Transmission Mechanism Across European Countries [J]. Scottish Journal of Political Economy, 2005, 52 (4): 519-543.

[57] Koivu T. Monetary policy, asset prices and consumption in China [J]. Economic Systems, 2012, 36 (2): 307-325.

[58] 李树丞, 曾华珑, 李林. 房地产价格波动对货币政策传导的作用

研究［J］．财经理论与实践，2008，29（6）：17-21．

[59] 王松涛，刘洪玉．以住房市场为载体的货币政策传导机制研究——SVAR 模型的一个应用［J］．数量经济技术经济研究，2009（10）：61-73．

[60] 龙少波，陈璋，胡国良．货币政策、房价波动对居民消费影响的路径研究［J］．金融研究，2016（6）：52-66．

[61] 郭娜，章倩，周扬．房价"粘性"、系统性金融风险与宏观经济波动——基于内生化系统性风险的 DSGE 模型［J］．当代经济科学，2017，39（6）：7-16．

[62] 朱大鹏，陈鑫．房产价格、家庭财富再分配与货币政策有效性——基于动态随机一般均衡模型的分析［J］．南方金融，2017（5）：18-36．

[63] 王勇．银行信贷对住房市场财富效应的影响研究［J］．武汉金融，2018，225（9）：18-26．

[64] 杨柳，李力，吴婷．预期冲击与中国房地产市场波动异象［J］．经济学（季刊），2017（1）：321-348．

[65] 王频，侯成琪．预期冲击、房价波动与经济波动［J］．经济研究，2017（4）：48-63．

[66] 庄子罐，贾红静，刘鼎铭．货币政策的宏观经济效应研究：预期与未预期冲击视角［J］．中国工业经济，2018（7）：80-97．

[67] Ciarlone A. Housing Wealth Effect in Emerging Economies［J］. Emerging Markets Review，2011，12（4）：399-417．

[68] Bhatt V，Kishor N K. Has Wealth Effect Changed Over Time Evidence from four Industrial Countries?［J］. Recent Advances in Estimating Nonlinear Models，2014：147-168．

[69] 王培辉, 袁薇. 中国房地产市场财富效应研究——基于省际面板数据的实证分析[J]. 当代财经, 2010（6）: 92-98.

[70] 李成武, 李婷. 基于空间面板数据的中国房地产市场财富效应研究[J]. 东北大学学报（社会科学版）, 2010, 12（5）: 402-408, 414.

[71] 徐春华. 对外开放、房价上涨与居民边际消费倾向[J]. 国际贸易问题, 2015（1）: 58-68.

[72] 鞠方, 雷雨亮, 周建军. 房价波动、收入水平对住房消费的影响——基于SYS-GMM估计方法的区域差异分析[J]. 管理科学学报, 2017（2）: 32-42.

[73] 杨柳. 房价波动对居民消费水平影响的实证研究——基于面板门槛模型的再检验[J]. 价格月刊, 2020（11）: 39-46.

[74] 张娜, 吴福象. 房价波动、区域差异与城镇居民消费的SYS-GMM估计[J]. 统计与决策, 2020, 36（10）: 109-113.

[75] Case K E, Quigley J M, Shiller R J. Comparing Wealth Effects: the Stock Market Versus the Housing Market[J]. Advances in Macroeconomics, 2005, 5（1）: 1235-1235.

[76] Dong Z, Hui E, Jia S H. How Does Housing Price Affect Consumption in China: Wealth Effect or Substitution Effect?[J]. Cities, 2017, 64: 1-8.

[77] 罗孝玲, 陈倩. 房价上涨影响城镇居民消费的非线性关系研究——基于金融发展水平门槛[J]. 价格月刊, 2019（5）: 20-27.

[78] 薛晓玲, 臧旭恒. 房价变动影响我国居民消费的中介效应分析——基于家庭财富配置的视角[J]. 山东大学学报（哲学社会科学版）, 2020（6）: 102-112.

[79] 葛晶, 李翠妮, 张龙. 市场环境对城镇居民地区消费差距的影响——基于心理账户视角[J]. 当代经济科学, 2019, 41(2): 77-87.

[80] 李拉亚. 加利与格特勒对当代经济理论变革的贡献[J]. 经济学动态, 2015(2): 130-144.

[81] Bernanke B, Gertler M. Agency Costs, Net Worth, and Business Fluctuations[J]. American Economic Review, 1989, 79(1): 14-31.

[82] 陈刘根. 基于分位数回归模型的人口老龄化对家庭消费的影响研究[D]. 江西: 江西财经大学, 2019.

[83] 梁亚民, 韩君. 房价波动对物价水平影响的动态模拟[J]. 统计研究, 2014, 31(2): 75-80.

[84] 王勇. 住房价格波动对自有住房家庭消费的异质性影响研究[D]. 福建: 华侨大学, 2016.

[85] Poi B P. Easy demand-system estimation with quaids[J]. Stata Journal, 2012, 12(3): 433-446.

[86] Flavin M, Yamashita T. Owner-Occupied Housing and the Composition of the Household Portfolio over the Life Cycle[J]. University of California at San Diego Economics Working Paper, 1998, 92(1): 345-362.

[87] Betermier S. Essays on the Consumption and Investment Decisions of Households in the Presence of Housing and Human Capital[J]. Dissertations & Theses-Gradworks, 2010.

[88] 梁璐璐, 赵胜民, 田昕明, 等. 宏观审慎政策及货币政策效果探讨: 基于 DSGE 框架的分析[J]. 财经研究, 2014(3): 94-103.

[89] 陈名银, 林勇. 房地产市场的金融加速机制——基于抵押品视角的

研究［J］. 金融理论与实践, 2014（11）: 7-13.

［90］郑忠华, 张瑜. 房地产市场、银行体系与中国宏观经济波动——基于多部门动态随机一般均衡模型的分析［J］. 南方经济, 2015（2）: 53-69.

［91］Kiyotaki N, Moore J. Credit Cycles［J］. Journal of the Japanese & International Economics, 1997, 7（1）: 65-79.

［92］Iacoviello M. House Prices, Borrowing Constraints, and Monetary Policy in the Business Cycle［J］. American economic review, 2005, 95（3）: 739-764.

［93］Bernanke B S, Gertler M, Gilchrist S. The Financial Accelerator in a Quantitative Business Cycle Framework［J］. Handbook of Macroeconomics, 1999, 1（99）: 1341-1393.

［94］Calvo G A. Staggered Prices in a Utility-maximizing Framework［J］. Journal of Monetary Economics, 1983, 12（83）: 383-398.

［95］Hülsewig O, Mayer E, Wollmershäuser T. Bank Loan Supply and Monetary Policy Transmission in Germany［J］. General Information, 2004, 30（10）: 2893-2910.

［96］Atta-Mensah J, Dib A. Bank lending, credit shocks, and the transmission of Canadian monetary policy［J］. International Review of Economics & Finance, 2008, 17（1）: 159-176.

［97］King M. Challenges for monetary policy: new and old［J］. Quarterly Bulletin-Bank of England, 1999, 39: 397-415.

［98］谭政勋, 王聪. 中国信贷扩张、房价波动的金融稳定效应研究——动态随机一般均衡模型视角［J］. 金融研究, 2011（8）: 57-71.

［99］刘斌. 动态随机一般均衡模型及其应用［M］. 北京: 中国金融出版社,

2014.

[100] 马文涛,魏福成. 基于新凯恩斯动态随机一般均衡模型的季度产出缺口测度[J]. 管理世界,2011(5):39-65.

[101] Christiano L J, Trabandt M, Walentin K. Introducing Financial Frictions and Unemployment into a Small Open Economy Model[J]. Journal of Economic Dynamics & Control,2011,35(12):1999-2041.

[102] 王彬. 财政政策、货币政策调控与宏观经济稳定——基于新凯恩斯主义垄断竞争模型的分析[J].数量经济技术经济研究,2010(11):3-18.

[103] Song I H. House Prices and Consumption[J]. Mpra Paper,2010.

[104] 罗鹏. 我国西部地区公共支出对经济增长影响的实证研究[D]. 重庆:重庆大学,2014.

[105] 张卫平. 货币政策理论[M]. 北京:北京大学出版社,2012.

[106] 肖争艳,彭博. 住房价格与中国货币政策规则[J]. 统计研究,2011(11):40-49.

[107] 许志伟,薛鹤翔,罗大庆. 融资约束与中国经济波动——新凯恩斯主义框架内的动态分析[J]. 经济学(季刊),2011(1):83-110.

[108] King R G, Wolman A L. Inflation Targeting in a St. Louis Model of the 21st Century[J]. Federal Reserve Bank of St Louis Review,2013,95(6):543-573.

[109] 许伟,陈斌开. 银行信贷与中国经济波动:1993—2005[J]. 经济学(季刊),2009(3):969-994.

[110] Neiss K S, Nelson E. THE REAL-INTEREST-RATE GAP AS AN INFLATION INDICATOR[J].Macroeconomic Dynamics,2003,7(2):

239-262.

[111] 李巍, 张志超. 通货膨胀与房地产价格对实体经济的冲击影响——基于不同货币政策规则的 DSGE 模型分析[J]. 华东师范大学学报(哲学社会科学版), 2011 (4): 82-94.

[112] 李成武. 中国房地产财富效应地区差异分析[J]. 财经问题研究, 2010 (2): 124-129.

[113] Smets F R, Wouters R. An Estimated Dynamic Stochastic General Equilibrum Model of the Euro Area [J]. Journal of the European Economic Association, 2003, 1 (5): 1123-1175.

[114] Sugo T, Ueda K. Estimating a dynamic stochastic general equilibrium model for Japan [J]. Journal of the Japanese & International Economies, 2008, 22 (4): 476-502.

[115] Ratto M, Roeger W, Veld J. I. T. QUEST III: An estimated open-economy DSGE model of the euro area with fiscal and monetary policy [J]. Economic Modelling, 2009, 26 (1): 222-233.

[116] 谷慎, 岑磊. 宏观审慎监管政策与货币政策的配合——基于动态随机一般均衡分析[J]. 当代经济科学, 2015, (6): 26-33.

[117] 金成晓, 马丽娟. 最优货币政策规则、通货膨胀与经济增长[J]. 吉林大学社会科学学报, 2011 (6): 110-117.

[118] Alexander L, Torsten S. The impact of changes in stock prices and house prices on consumption in OECD countries [J]. New York: IMF Working Paper, 2002, 1: 43.

[119] Slacalek J. What Drives Personal Consumption? The Role of Housing and Financial Wealth [J]. The Be journal of Macroeconomics, 2009, 9 (1): 1-30.

[120] Aron J, Duca J V, Muellbauer J, et al. Credit, housing collateral, and consumption: Evidence from Japan, the UK, and the US [J]. Review of Income and Wealth, 2012, 58 (3): 397-423.

[121] Engelhardt G V. House Prices and the Decision to Save for Down Payments [J]. Journal of Urban Economics, 1994, 36 (2): 209-237.

[122] Iacoviello M. Consumption, House Prices and Collateral Constraints: a Structural Econometric Analysis [J]. Journal of Housing Economics, 2004, 13 (4): 304-320.

[123] 杜莉, 沈建光, 潘春阳. 房价上升对城镇居民平均消费倾向的影响——基于上海市入户调查数据的实证研究 [J]. 金融研究, 2013 (3): 44-57.

[124] Hansen B E. Sample Splitting and Threshold Estimation [J]. Econometrica, 2000, 68 (3): 575-603.

[125] Caner M, Hansen B E. Instrumental Variable Estimation of a Threshold Model [J]. Economitric Theory, 2004, 20 (5): 813-843.

[126] 王小鲁, 樊纲, 胡李鹏. 中国分省份市场化指数报告 (2018) [M]. 北京: 社会科学文献出版社, 2019.

[127] 俞红海, 徐龙炳, 陈百助. 终极控股股东控制权与自由现金流过度投资 [J]. 经济研究, 2010, 45 (8): 103-114.

[128] 余华义, 王科涵, 黄燕芬. 房价对居民消费的跨空间影响——基于中国278个城市空间面板数据的实证研究 [J]. 经济理论与经济管理, 2020 (8): 45-61.

[129] 周建军, 王英杰, 张曼. 经济集聚、人口流动与住宅价格空间溢出效应研究 [J]. 财经理论与实践, 2021, 42 (1): 102-108.

[130] 李政，王雪杰，刘淇. 风险网络视角下中国城市间房价波动溢出效应研究［J］. 中央财经大学学报，2021（4）：114-128.

[131] 刘水，任建宇. 中国城市房价联动、等级传递与经济近邻效应［J］. 统计与决策，2020（22）：86-90.